洞穴奇案
的十四種判決

洞穴奇案
的十四種判決

薩伯（Peter Suber）著

商務印書館

洞穴奇案的十四種判決
The Case of the Speluncean Explorers: Nine New Opinions

作　　者：薩　伯 (Peter Suber)

翻　　譯：陳福勇　張世泰

責任編輯：楊克惠　張宇程

封面設計：張　毅

出　　版：商務印書館 (香港) 有限公司
　　　　　香港筲箕灣耀興道 3 號東滙廣場 8 樓
　　　　　http://www.commercialpress.com.hk

發　　行：香港聯合書刊物流有限公司
　　　　　香港新界荃灣德士古道 220-248 號荃灣工業中心 16 樓

印　　刷：美雅印刷製本有限公司
　　　　　九龍官塘榮業街 6 號海濱工業大廈 4 樓 A

版　　次：2022 年 10 月第 1 版第 3 次印刷
　　　　　© 2013 商務印書館 (香港) 有限公司
　　　　　ISBN 978 962 07 6527 8
　　　　　Printed in Hong Kong
　　　　　版權所有　不得翻印

序 言

史上最偉大的法律虛構案例

富勒（Lon Fuller）的洞穴探險者案是有史以來最偉大的法律虛構案例。這一評價已説明一切，特別是在其他案例構成強有力競爭的情況下。其他案例也許會在庭審的戲劇性、人物變化、調查懸疑方面略勝一籌，但在法律深度、思辨靈敏度上絕對無法比擬。這案例表現的不是律師處理案件的趣味所在，而是法律本身的引人入勝。它難以成為精彩的電影題材，因為本案的"主角"只是一個個"會説話的頭像"。實際上，能成為精彩電影題材的部分 —— 即洞穴裏面的事件，在富勒的文章開頭就已結束了。而且，這些事件不是以生動活潑的電影語言來表現，而是事後以精確但乏味的司法語言來複述。

富勒筆下的五個最高法院法官將複雜的案件事實及多樣的法律推理娓娓道來，敍述精確。這五種觀點集中在了不同的事實細節和司法判例上，並置於不同的法律原則與政治背景中。通過這種方法，富勒把那些重要的原則衝突具體化，並闡明了在他那個時代主要的法哲學流派。富勒的案例被稱作**"法理學經典"**〔達瑪竇（Anthony D' Amato），"洞穴探險者 —— 進一步的行動"，《斯坦福法律評論》，1980 年第 32 卷〕、**"本世紀爭論的縮影"**和一個**"非凡的智力成就"**〔埃斯克里奇（William N.

Eskridge, Jr.），"洞穴探險者案：二十世紀法律解釋精要"，《華盛頓法律評論》，1993 年 8 月，第 61 卷）。

儘管現在距富勒寫下這部作品只有半個世紀，法律面貌卻已經發生了深刻變化。我續寫了這案例的九個新的司法觀點，以期探究與法律原則相關的重要問題，並在此過程中闡述法哲學的最新發展，這也基本符合富勒的目的。

儘管我力圖描述當今主要的法哲學流派，給每個流派應有的關注，但卻碰到一些障礙，微妙地限制了我的計劃。

首先，我必須遵循此案例的相關事實和法律。我不能引用當代每個法哲學流派自己最滿意的案例去闡述，而是必須發現各個流派是如何與洞穴探險者案發生關聯的。值得慶幸的是，大部分當代法理學的重要發展都能在這案件的事實中找到立足點，我們也許可以把這些立足點當成對法哲學流派深度和廣度的細微表徵。

其次，我願意發表一些關於此案的新觀點。在我開始寫下這些觀點之前，我曾不假思索地假定，富勒的五個法官已經就此案提出了所有言之成理的法律論證。然而，一旦我給自己定下新觀點的任務，一些堅定的、如同洞穴探險般的探索，使我確信自己的假定是錯的。現在我幾乎持完全相反的看法：如果說對於這一案例已經完全思考透徹，那就等於說對法律、判決、犯罪、殺人、刑罰、赦免、辯護和審判的思考也已窮盡。

另外，我不能找到九種之外的觀點了。多於九種觀點將開始損害可信度，即便是大度善意的讀者也會為其所累。雖然當代法律思想的重要發展和分支並不止九種，但它們並非都是不能相容的。我既不能明確地表現當代思想每一個獨特的分支，也不想把自己的論述僅僅限制在九種觀點之中，在一致性和可行性允許的情況下，我融合了各種觀點。這反過來意味着不能為了追求每種觀點僅單純包含一種法律思想而作繭自縛。

最後，我和富勒同樣感受到來自安排一場平局投票的挑戰，即教學上中立的挑戰，它要求我做到徹底讓讀者自己做出決定。在這一點上，法官人數保持奇數只是障礙之一。藉當代法理學的一些發展，可能會自然地推出本案的當事人無罪，而藉另一些發展，則可能推出當事人有罪。如果發現推出其中一種觀點的發展多於另一種，我就必須融合一些"多數派"的觀點或增加一些"少數派"的觀點，或者對當代法律思想的一些觀點做更深入的挖掘。

有時候，我克制自己不去創造有關紐卡斯國（譯註：富勒虛構的洞穴探險者案發生的國家）歷史的新事實，而只在富勒創造的事實空間裏展開論述。但有時候，我又覺得根據富勒的精神來闡發這個案例，我也被賦予了自由創造的權利。我把自己的創造保持在最低限度，希望它們不會對裁決產生實質性的影響。而在有些地方，我發現必須同時採取"克制"和"能動"的方法。比如，我決定假設在紐卡斯國沒有法律先例並且也基本這樣做了，但是這也迫使我對法庭引用的少量案例做出解釋。

所有這些限制的結果是，有些法哲學在當代的發展沒有被反映出來，有些發展在一致性容許的範圍內相互融合了，有些則因為難以融合而被不恰當地突出了。最終呈現的是我個人對富勒所描述的美國法哲學的羣像進行的更新描述以及對其案例所提出的問題進行的更深探索。

也基於上述限制，我所闡述的九個新觀點並不是與當代法哲學九個流派一一對應。偏離一一對應的現象在書中時有出現。有時是不止一個當代法哲學發展被融合到同一個觀點裏，有時是一項發展在細節或方向上的不一致卻需要用不止一個的觀點來論述。

每一種觀點代表法理學內的一個主導方向，同時，如同現實中的觀點一樣，也顯示了學説之間的相互影響和主題的各種變化。換句話説，至少我希望這些觀點能表現出現實中的觀點的真實特徵，因為我所説的限制並沒有影響到其所有方面。

在文章的結尾，富勒寫到："本案並無刻意關注與當代的相似點，所有那些力求對號入座的讀者，應被提醒他陷入了自己設置的鬧劇之中，這可能導致他不能領略紐卡斯國最高法院發表的觀點中所包含的樸素真理。"如果這一句的前半部分意思是指富勒無意於描述那些觀點和當代思想之間的任何相似之處，那他肯定在跟你開玩笑。但如果他的意思是肯定存在他並沒有有意論述的相似之處，但辨認找尋任何的相類之處都不如直接思考文章的論證更有收穫，那我將接受他那溫和的提醒並納入自己的文章。

後半部分陳述，我毫無保留地接納。經過我提煉而融入司法判決的立場、觀點是理解法律本質重大而嚴肅的嘗試。它們所包含的是"樸素真理"還是更為宏大的真理，這對學生、學者和公民都是一個基本的問題。這本書所適合的讀者是那些不熱衷於給觀點貼標籤或獵尋虛幻，但對嚴肅而富有意義的論證充滿興趣的人。他們會評論各種論證的有力和不足之處，以及這些論證是如何對一個具體的案例產生影響的。基於這些原因，我希望那些已經熟悉本案例所表達的觀點的學者不要顛倒主次，除非自願沉溺於鬧劇之中。基於同樣的原因，我也並不認為通過這九個觀點就能徹底理解當代法律或法哲學。

我不是第一個對洞穴探險者案發表新觀點的人。達瑪賓（Anthony D' Amato）在 1980 年的《斯坦福法律評論》中論述了三個新觀點。卡恩（Naomi Cahn）、卡爾莫爾（John Calmore）、昆斯（Mary Coombs）、格林內（Dwight Greene）、米勒（Geoffrey Miller）、保羅（Jeremy Paul）和斯坦（Laura Stein）在 1993 年的《華盛頓法律評論》中分別從不同的政治和法律立場論述了各自的新觀點。我推薦達瑪賓的三個觀點，因為它們清晰地闡明了本案提出的道德問題。同時,《華盛頓法律評論》的七個新觀點也值得推薦,因為與我的觀點相比,他們所提出的觀點對當代各法學流派,思想的體現更純粹或較少混合,而且他更願意假設紐卡斯國的新事實,以便可以對美國法律的現狀作更辛辣的評論。

當讀富勒的原文時,人們自然要問哪個法官主張的法律哲學是最可以被接受、最具競爭力和説服力的?此外,人們會想知道這些法哲學的多樣性和不相容性本身是否就為認識法院判決的性質提供了線索?是不是所有的司法推理都僅僅是意識形態、興趣、政見和個性的事後合理化?在富勒時代這是一個重要的問題,如果有甚麼不同的話,那就是今天它變得更加重要了。而引發出這個問題的並不僅僅是某一個單一的觀點,而是各種觀點的集合。每一種觀點都以自己的方式進行推理,但是,就推理本身而言,這又能説明甚麼問題呢?

如果法律推理本身具有無限的彈性,如果它可以服務於任何主人,如果(如休姆抽象地談論推理那樣)它是激情的奴隸,那麼,認為法律可以約束法官的想法就完全是幻覺。但是如果得到正確理解的法律確實能約束法官,那為甚麼在通情達理的法官之間會有如此之深的分歧?我很高興我的作品提出了這些問題,同樣欣慰的是,我沒有為了回答這些問題而偏離法律走向哲學。這項工作需要另外找時間來做。

　　我無比感謝富勒的遺產繼承人允許我在這本書裏重印他的文章，假如我不能收入他的原文，我的書將是蒼白而無所適從的。我感謝艾爾古德（Deanna Airgood）快速準確地錄入富勒的文章和勞瑞（Jennifer Laurin）一絲不苟地校對。我感謝吉姆・鮑文（Jim Bower）、瑪麗亞・鮑文（Marya Bower）、克拉克（Len Clark）、奈格（Pablo Nagel）、帕克（Mark Packer）、戴安娜・龐佐（Diana Punzo）、溫斯・龐佐（Vince Punzo）、斯耐德（Monteze Snyder）、索普（A. L. P. Thorpe）和羅德里格（Routledge）出版社的兩個評議人，感謝他們對本書初稿的有益評論。我感謝西曼（A. Varner Seaman）讓我對戈德（Goad）法官運用了"護身甲"的形象比喻。最後感謝過去十五年中我的法哲學課程學生，感謝他們的洞察力、激情和對關鍵點的把握，感謝他們願意讓一個虛構的法律案例教給他們對真實世界中的法律的重要認識。

薩伯（Peter Suber）

目錄

導言

奇案背後的法理思考

　　富勒虛構的案例是以一些令人揪心的真實案例為基礎的。其中兩個最重要的案例，無疑是 1842 年美國訴霍姆斯案（U. S. v. Holmes）和 1884 年的女王訴杜德利與斯蒂芬案（Regina v. Dudley & Stephens）。這兩個案件都與救生艇有關，都是在海難之後發生了殺人和追訴。在霍姆斯案中，殺人是為了讓嚴重超載的救生艇減輕負荷。在杜德利和斯蒂芬案中，殺人是為了給行將餓死的倖存者果腹。

…霍姆斯案…

　　在霍姆斯案中，一艘從利物浦駛往費城的移民船布朗號在紐芬蘭島海岸因撞到冰山開始下沉。船上只裝備有兩艘救生艇可供八十名乘客和船員使用。最終共有四十一名乘客和水手擠到一艘二十二英尺的大艇上，另有船長和船員共九人佔據了一艘容納六七個人定製的雙軌小艇，剩下的三十個人則被棄在船上，與船一起沉沒，他們之中沒有一個船員，大部分是兒童。後來，船長命令一個助手帶着航海地圖和羅盤加入大艇。這樣一來，有四十二人在大艇上，八個人在小艇上。大艇有槳沒有帆，小艇則兩者都有。

小艇駛向紐芬蘭海岸，最終被一艘漁船救起。大艇則因嚴重超載以致幾乎無法航行，在海上漂浮了一整天後，船舷上緣已緊貼水面。隨着天氣的變化，海水開始溢入船裏。本有縫隙的大艇裂開了一個大洞，不得不大量向外排水。幾個大浪襲來，大艇在沉沒的邊緣飄搖。船長助手嚷着叫水手想辦法減輕負載，水手霍姆斯做出回應，在另外兩名水手的幫助下把六個男人和兩個女人拋出船外。第二天他又把另外兩個男人扔下船。

　　他們向東邊漂移，分食僅有的一點食物充飢，幾週之後船在法國海岸獲救。他們的經歷震驚了世界，有些倖存者返回美國後，給費城地區的檢察官施加壓力，要求指控大艇的水手犯謀殺罪。不幸的是，霍姆斯是當時唯一住在費城的大艇上的水手，於是被逮捕了。大陪審團不願意指控他謀殺，迫使檢察官將起訴減輕為非預謀故意殺人。

　　霍姆斯提出緊急避險的抗辯。他辯護説，如果殺人對於船上的人的存活是必要的，那在法律上就是正當的。這個案子由美國最高法院的鮑爾溫法官審理，當時他臨時擔任費城承審法官。他告知陪審團，一定數量的水手是大艇航行所必需的，但超過這一數量的其他水手與乘客相比並沒有任何特權，這些水手必須與乘客一起經受命運的考驗。在這指引下，陪審團認定霍姆斯非預謀故意殺人罪成立，鮑爾溫法官對他處以六個月的監禁和二十美元的罰金。霍姆斯服了監禁之刑，罰金則由泰勒總統（John Taylor）赦免掉。

…杜德利案…

在杜德利和史蒂芬案中，澳大利亞遊船木犀草號從埃塞克斯前往悉尼，途中沉沒，四個倖存者被困在一艘十三英尺的救生艇上，全部食物只有兩罐蕪菁。四人中，杜德利是船長，斯蒂芬是助手，布魯克斯是一個能幹的船員，帕克是見習船員。帕克只有十七歲，很快就成為四個人中狀況最差最虛弱的人。四個船員以一個蕪菁罐頭維持了兩天，在隨後的兩天只能靠雨水度日，直到他們抓住一隻海龜。那天他們吃了第二個罐頭，也許想着他們還可以再抓一隻海龜。

一週後，他們吃光海龜身上所有能吃的東西，但仍然看不到獲救的希望，也沒能找到其他食物。船員們的嘴唇和舌頭因為脫水而發黑，腿腳腫脹，滿身潰爛的傷口，並且開始喝自己的尿。帕克喝了海水，這在水手看來無異於飲鴆止渴。

在第十九天，杜德利提議以抓鬮的方式選出誰該被殺掉作為其他人的食物。布魯克斯反對，斯蒂芬在猶豫，計劃暫時被擱在一邊。後來，杜德利自信地對斯蒂芬說，無論如何帕克會先死，因為他身體狀況已經很差而且沒有家人。那還等甚麼呢？斯蒂芬被說服了。杜德利隨後殺了帕克，三個人靠帕克的屍體度日。一艘法國帆船蒙堤祖麻號在從智利的蓬圖阿雷納斯去漢堡途中把他們救起時，他們已經連續四天以屍體為食並吃掉了大半。在返航途中，蒙堤祖麻號進法爾茅各斯港短暫停留，杜德利、斯蒂芬和布魯克斯以謀殺罪被逮捕收監。

英國的內政大臣哈考特爵士諮詢了總檢察長、副檢察長和王室官員之後，批准起訴三名船員謀殺，但是法爾茅各斯的公眾全部支持被告。因為擔心出現宣告無罪的結果，法官要求陪審團進行特殊裁決。這意味着陪審團只是認定事實，不用對該事實是否構成謀殺罪作最後的裁決（這一程序使法庭即使在陪審團同情被告的情況下也可能判被告有罪）。根據陪審團認定的事實，法官宣告被告犯有謀殺罪，駁回他們的緊急避險抗辯。被告被判處絞刑，隨後被維多利亞女王赦免了，提出赦免建議的正是支持起訴的哈考特爵士。

若想更詳細了解上述案例，請參閱辛普森（A. W. Brian Simpson）在《同類相食與普通法》（芝加哥大學出版社 1984 年版），書中描述引人入勝又細緻入微。而對該故事更加簡練、也更戲劇化的複述則可以查閱卡茲（Leo Katz）關於刑法的一本很好的著作——《不良行為與犯罪心理》（芝加哥大學出版社 1987 年版）。司法意見的摘要經常可以從英美法學院使用的案例書中找到。

…真實案例基礎上的虛構案…

人們可以輕易看出富勒從這些案例中借用了大量事實：陷入絕境、抓鬮、人吃人、公眾的同情、夾雜複雜政治因素的追訴、緊急避險的抗辯、陪審團的有罪宣告、赦免的可能。甚至在細節上，比如杜德利斯蒂芬案中陪審團的特殊判決，都在富勒的案例中再次出現。然而，這些可資借鑒的因素，最多只是減輕了富勒的創造成分，他把事故從大海中移到紐卡斯國的山洞裏，這既使管轄權問題尖銳化，又使非常重要的無線電通訊這一因素成為可能。他增加了無線電通信所傳遞的醫生、工程專家的意見。這讓洞穴探險者通過可信賴的資訊確切知道獲救之前將會餓死，而不僅僅是驚恐她猜測。他增加探險者富有先見之明的安排，即要求洞穴探險組織在他們未能於特定時間返回時予以救援。他增加了威特莫爾意見的複雜反覆：一開始同意加入死亡協議，接着撤回允諾，後來又認可其他人代他投擲骰子的公平性。他增加了紐卡斯國內戰與社會契約的歷史，謀殺罪的法定死刑，創造了自我防衛例外的古代司法行為以及其他許多細節，包括每個法官針對其地位和意義作出不同判斷的少量司法判例。

如果認為富勒調整了事實以致判決無罪和判決有罪的理由旗鼓相當，那就過於簡單化地理解富勒的獨具匠心了。果真如此，那麼盡職的法官將無法作出判斷，或只能通過向另一方意見作出重大讓步，才能作出自己極不確定的裁決。相反，富勒通過精巧地裁剪事實，既給一些法官很好的理由去判決無罪，又給另一些法官很好的理由去判決有罪。這兩種類型的大部分法官都確信事實是不平衡，並且不平衡之處應該依他們的方式來解讀。如果最終判決有罪和判決無罪的票數一樣多，那主要是由於高級法院中的法哲學平衡而不是事實平衡所導致的。優秀的法官們具有不同的哲學思想。富勒巧妙地裁剪事實以便引起人們對法律思想多樣性的關注。

如果幾個不同觀點在論證上同樣有力，並且都忠實於法律，這個案子在更寬泛的意義上說是平衡的。但是如果認為不同的法哲學表現出相當的論證力，僅僅是因為富勒把它們融入了案例或者是它們能提供論證，或它們確實來源於重要的道德、法律、政治哲學傳統，那就枉費了富勒的精明和一番辛苦。這個案例告訴我們的，是應該通過案例思考甚麼，而不是不假思索地從中得到甚麼。這個案例不是富勒的結論，而是他提出的問題。

富勒的案例事實是以特別的方式達到平衡的，它給不同傾向的法官很好的理由從不同方向認定事實，然而該案例並沒有特別到無法教給我們有關真實案例的知識。相反，大部分引起公眾爭議的案例都同樣棘手。比如，最高法院新近案例中提出的禁止雞姦、燃燒國旗或幫助自殺的法令是否合憲的問題。公眾對此持有不同意見，好像事實是平衡的；但各自主張的觀點都充分有力，似乎又表明事實並不平衡。當然，實際上，存在於法律原則和美國公眾觀點之中的平衡，多於存在於事實本身中的。這正是富勒通過巧妙地構造事實和睿智地解讀司法判例，在他的案例中所傳達的複雜而微妙的平衡。這也是他的案例能教會我們真正處理疑難案件的原因之一。

富勒（Lon Fuller，1902 – 1978）是美國德州人，曾就讀於斯坦福大學，後在哈佛大學任教。他撰寫了八部法律專著和大量論文，是 20 世紀極優秀的法理學家。他反對實證分析法學，曾在法律刊物上就實證分析法學的價值與哈特（H. L. A. Hart）爭論。值得讚揚的是，如果一個人事先不知道富勒不滿法律實證主義，那麼忠實地閱讀《洞穴探險者案》後仍不會感覺到這一點。在《法律的道德性》這本重要的法哲學中，他把反對實證主義的案例集中起來並加以系統化，為自然法的有限形式進行論證。在附件中，他收入了他的第二個著名的虛構案例──怨毒告密者案。

聽說富勒是一位出色的合同法教授，但他在我進入法學院之前一年去世了，我沒有讀過他的合同法案例書。在我看來，富勒的偉大在於他用畢生證明：嚴密的法律思想既不排斥創造性，也不要求專業的術語表達，更不會讓道德成為與法律無關的獨立變數或事後的思考。

薩伯（Peter Suber）

第一部分

4300 年：五位法官，五個觀點

4300年於紐卡斯國最高法院
在斯托菲爾郡初審法院，
四名被控犯有謀殺罪的被告，
被認定罪名成立判處絞刑。
被告認為裁判有誤，上訴到最高法院。
案件事實充分地展現於
首席法官的陳詞之中。

1 尊重法律條文
── 首席法官特魯派尼陳詞

> 法典的規定眾所周知：
> "任何人故意剝奪了他人的生命都必須被判處死刑。"
> 儘管同情心會促使我們體諒這些人當時所處的悲慘境地，
> 但法律條文不允許有任何例外。

案情回溯：洞穴探險謀殺案

四名被告都是洞穴探險協會的成員，該協會是一個洞穴探險業餘愛好者組織。4299 年 5 月上旬，他們連同當時也是該協會會員的威特莫爾（Roger Whetmore），進入一個位於聯邦中央高原的石灰岩洞。當他們深入洞裏時，發生山崩。巨大的岩石滑落，擋住了他們所知的唯一洞口。他們發現受困，就在洞口附近坐下來，等待營救人員救他們出生天。由於五名探險者沒有按時回家，其家屬通知了協會的秘書，而探險者在協會總部也留下他們打算去探險的洞穴的位置，於是，一隊營救隊伍火速趕往出事地點。

營救難度之高遠遠超出預計，需要不斷增加營救人員和機器。然而洞穴地處偏遠，運送營救人員和機器的難度極大。工人、工程師、地質學家和其他的專家搭建了一個大型臨時營地。因為山崩仍不斷發生，移開洞口堆積岩石的工作好幾次中斷，其中一次山崩更奪走了十名營救人員的生命。在營救過程中，洞穴探險者協會自有資金很快用完，接着八十萬弗里拉（紐卡斯國貨幣）的公眾捐助和法定撥款投入營救工作，這筆錢在受困者獲救前也花得精光。在探險者被困洞穴的第三十二天，營救終於成功。

　　由於探險者只帶了勉強夠吃的食物，洞裏也沒有任何動物或蔬菜能賴以維生，大家很早就擔心探險者很可能在出口被打通之前就餓死了。在被困的第二十天，營救人員才獲知探險者隨身帶了一個袖珍的無線設備，可以收發資訊。營救人員迅速安裝了一個相似的設備，與不幸被困山洞的人聯繫上。探險者詢問還要多久才能獲救，負責營救的工程師告訴他們，即使不發生新的山崩，至少還需要十天。得知營地有醫療專家後，受困者與醫生通了話，他們詳細描述了洞裏情況，然後問從醫學上看，在沒有食物的情況下，他們是否有可能再活十天。專家告訴他們，這種可能性微乎其微。隨後，洞裏的無線設備便沉寂了。八個小時後，通訊恢復，探險者請求與醫生再次通話。威特莫爾代表他本人和其他四名同伴詢問，如果他們吃了其中一個成員的血肉，能否再活十天。儘管很不情願，醫生委員會主席仍給予了肯定答覆。威特莫爾又問，通過抓鬮決定誰應該被吃掉是否可行，在場的醫療專家沒有人願意回答。威特莫爾接着問，營救組中是否有法官或其他政府官員能給予意見，但這些人也不願意對此提供建議。他又問是否有牧師或神父願意回答他們的問題，還是沒有人願意出聲。之後，洞裏再也沒有傳來任何消息，大家推測（後來證實是錯誤的）是探險者的無線設備的電池用光了。當受困者獲救後，大家才知道，在受困的第二十三天，威特莫爾已經被同伴殺掉吃了。

被告提供給陪審團的證詞表明，是威特莫爾提議，他們也許可以吃一個成員，否則想活下來是不可能的。同樣也是威特莫爾首先提議使用抓鬮，他提醒大家，他剛好帶了一副骰子。四名被告起初不願意響應如此殘酷的提議，但通過無線電進行如上對話後，他們接受了威特莫爾的提議，並反覆討論了保證抓鬮公平性的數學問題，最終同意用一種擲骰子的方法來決定生死命運。

然而，在擲骰子之前，威特莫爾宣佈撤回約定。他經過反覆考慮，認為在實施如此恐怖的權宜之計之前，應該再等一個星期。其他人指責他出爾反爾，堅持繼續擲骰子。輪到威特莫爾時，一名被告替他擲骰子，同時要求威特莫爾對是否認同投擲的公平性表態。威特莫爾沒有表示異議。投擲的結果對威特莫爾不利，他就被同伴殺掉吃了。

倖存的探險者獲救後，因營養失調和暈厥住院接受治療。出院後，他們被控謀殺威特莫爾。庭審時，被告陳述完證言之後，陪審團主席（一名職業律師）詢問法庭，陪審團是否可以僅作特別裁決（註：陪審團只提供已證明的事實，而把該事實是否構成犯罪交由法庭進行判決），而把被告是否有罪留給法庭根據已經確定的事實作出判斷。經過討論，檢察官和被告的律師都表示同意，法庭也採納了這一建議。在冗長的特別裁決中，陪審團認定上面所述的事實，並且進一步認定，如果法庭裁定上述事實與被告被指控的罪名相符，他們就認定被告有罪。根據這一裁定，審判的法官判決被告謀殺威特莫爾罪名成立，判處絞刑。在刑罰問題上，聯邦法律並不允許法官有自由裁量的餘地。陪審團解散之後，陪審團成員一起向首席行政長官請願，請求將刑罰減至六個月監禁。初審法官也向首席行政長官作同樣的請求。然而，迄今為止，首席行政長官沒有回應這些請願而採取任何行動，他顯然在等待上訴審的裁決。

被告有罪，但應獲得行政赦免

在我看來，處理這一不同尋常的案件時，陪審團和初審法官的做法，不僅公正明智，而且也是法律所允許的唯一方案。法典的規定眾所周知：**"任何人故意剝奪了他人的生命都必須被判處死刑。"**儘管同情心會促使我們體諒這些人當時所處的悲慘境地，但法律條文不允許有任何例外。

在諸如此類的案件中，行政赦免看來非常有利於減輕法律的嚴苛。我向各位同事建議，我們一起仿效陪審團和初審法官的做法，加入向首席行政長官請願之列。有充分的理由相信，這些請求會被採納，任何人知曉這一案件並有機會徹底了解案情後，都會接受這種請求。首席行政長官拒絕這一請求的可能性非常小，除非他能親自主持像初審那樣歷時三個月廣泛而深入的聽證。主持此類聽證（實際上相當於重審案件）與行政長官應有的職能極不相稱。因此，我們也許可以假定，這些被告將得到某種形式的寬大處理。**假如的確如此，正義將得到實現，而不會損害我們法典的字義或精神，也不會鼓勵任何漠視法律的行為。**

2 探究立法精神
── 福斯特法官陳詞

> 一個人可以違反法律的表面規定而
> 不違反法律本身，這是最古老的法律智慧諺語之一。
> 任何實定法的規定，不論是包含在法令裏還是
> 在司法先例，應該根據它顯而易見的目的來合理解釋。

我感到震驚的是：為了擺脫這一悲慘案例帶來的窘境，首席法官本應立刻向同事提議採取一種權宜的方法，這雖然讓人無奈卻是再明顯不過了。我認為在這個案子裏，**我們聯邦的法律比這些不幸的探險者的命運更受考驗。**如果法庭宣佈，根據我們的法律這些人已經構成犯罪，那麼，無論上訴中的這些相關人員最終命運如何從常理上看，我們的法律本身就是犯罪。當法庭宣稱我們所維護和闡釋的法律迫使我們做出令人羞恥的結論，只能借助於出自行政長官個人意願的赦免才能擺脫這一結論，在我看來，這等於承認這個聯邦的法律不再彰顯正義。

在我看來，我們的法律不會迫使我們得出這些人是謀殺犯的荒謬結論；相反，我認為，我們的法律應宣佈他們完全無罪。

我把這一結論建立在兩個獨立的理由上，其中任何一個都足以證明被告應被宣告無罪。

案發時他們不在聯邦法律管轄下

第一個理由建立在一個可能會引起爭議的前提之上，除非它能得到客觀公正的分析。**我持的觀點是，聯邦所頒佈的法律或實定法，包括所有的法令和先例，都不適用於本案，能代替它們裁決此案的是歐洲和美國的古典作家所説的"自然法"。**

這一結論依據的主張是，我們的實定法是建立在人們在社會中可以共存這一可能性之上的。在人們不可能共存的情況下，我們所有的先例和法律所賴以存在的前提就不復存在了。一旦這一條件不存在了，在我看來，我們的實定法也就不再有效。我們不太習慣把法律諺語"法律存在的理由停止時，法律也隨之停止"適用於我們的整個實定法，但我相信在本案中，這一法諺應該是適用的。

所有實定法應該建立在人類可能共存這個基礎之上，這一主張對我們來説或感陌生。但這不是因為它所包含的真理是陌生的，只是因為這個真理如此明顯和普遍，以致我們很少作評論它。如同我們所呼吸的空氣遍及我們的周圍，以致我們忘了它的存在，除非我們突然失去了它。不管我們的各個法律分支追求的具體目標是甚麼，稍加思考就不難明白其所有目標的根本指向都在於促進和改善人的共存狀態，調節共存狀態下相互之間關係的公正和平等。當人可以共存的這一前提不復存在，就像案例中極端的情景下，只有剝奪別人的生命才可能生存時，支撐我們整個法律秩序的基本前提也失去了它的意義和作用。

如果本案的悲劇發生在我們聯邦領土之外，沒有人會認為我們的法律適用於他們。我們承認管轄權是以領土作為基礎的。這一原則的理由無疑是明顯並且少有爭議的。我認為這一原則的基礎假定，是當一群人共同生活於地球上同一特定區域時，才可能把同一種法律秩序強加給他們。**領土原則是以假定人們應該在一個群體內共存為基礎的。所有法律也都以此為基礎。**現在我主張一個案子也許可以從道德上脫離法律秩序的約束，如同從地理管轄上脫離法律秩序的約束。如果我們注意法律和政府的目的，注意實定法賴以存在的前提，就會發現本案被告在做出他們性命攸關的決定時，是遠離我們的法律秩序的，就像他們遠離我們的領土一千英里之外一樣。即使從物理的意義上看，堅固的岩石把他們的地下牢獄與我們的法庭和傳票者隔離開來，要移開這些岩石也需要付出非同尋常的時間和努力。

因此，我的結論是：當威特莫爾的生命被被告剝奪時，用十九世紀作家的精巧語言來說，**他們並非處在"文明社會的狀態"，而是處在"自然狀態"**。這導致我們聯邦頒佈和確立的法律並不適用，他們只適用源自與當時處境相適應的那些原則的法律。我毫不猶豫地宣佈，根據那些原則，他們不構成任何犯罪。

被告所作所為依據的是由威特莫爾本人首先提出並經所有人同意的生死協議。既然，他們非同尋常的困境使調節人與人間關係的慣用原則沒法適用，這一點顯而易見，那他們有必要起草新的"政府憲章"以應對他們所面臨的處境。

自古以來，眾所公認，法律或政府的最基本的原則建立在合同或契約觀念之上。古典思想家（特別是在1600年到1900年期間）習慣於把政府本身建立在一個假定的原始社會契約上。批評者指出這一理論與眾所周知的史實相矛盾主張政府是以理論假定的方式建立起來，並沒有科學的證據。倫理學者回應道，即使從歷史的眼光來看，契約是虛構的，契約或協議的觀念為政府權力包括剝奪人生命的權力提供了唯一的倫理證明。政府權力的正當性只能從道德上論證，即：這種權力是理性的人為了要建設某種新秩序，以使他們能夠共同生活，而相互同意和接受的一種權力。

值得慶幸的是，我們的聯邦沒有被困擾祖先的問題所糾纏。我們把"政府建立在人們的契約或自由約定之上"當作歷史事實。考古學證據所證實的是，在大螺旋之後的第一時期，大毀滅的倖存者自願集合起來起草一份政府憲章。詭辯的作家提出遠古的定約人是否有權利約束未來的後代。但事實仍然是：我們的政府可以沿着毫不間斷的軌跡追溯到那份原始憲章。

因此，如果我們行刑的人有權結束人的性命，如果我們郡治安官有權把拖欠債務的承租人趕到街上，如果我們的警察有權把縱酒狂歡者投入監獄，那麼這些權力在我們祖先的原始契約裏可以找到道德正當性。如果我們無法找到法律秩序的更高本源，又怎能期待這些行將餓死的不幸的人找到更高的本源來支持他們為自己而選擇的秩序？

我認為我剛剛詳細闡述的論點不可能有任何理性的回答。我意識到，很多讀到這些觀點的人接受起來可能會感到一些不舒服，他們將懷疑導出這麼多陌生的結論的論證，背後是否隱藏着不為人知的詭辯。然而這些不舒服的根源很容易辨認。人類生存的通常條件使我們傾向於把人類生活當成絕對的價值，在任何情況下都不容犧牲。這一觀點有許多虛偽的成分，即便是適用到日常的社會關係中。我們面前的這個案子就能證明這個道理。在移開洞口岩石的過程中，十個工作人員犧牲了。指揮救援工作的工程師和政府官員難道不知道工作人員的作業有危險，會嚴重威脅工作人員的生命帶來嗎？如果說為了營救被

困的五個探險者，犧牲這十個人的性命是合適的，為甚麼我們
要說這些探險者達成犧牲一個人以挽救四個人的安排是錯誤的
呢？

我們所規劃的每一條高速公路、每一個隧道、每一座建築，
在建造過程中都可能危及生命安全。把這些工程匯總起來，我們
可以大致計算出建設這些專案將會犧牲多少人的性命。統計學
家可以告訴你建造一千英里的四車道的混凝土高速公路平均需
要付出的生命。然而，我們故意或心照不宣地承受和付出這些
代價，因為假設生者所獲得的價值遠遠超過這些損失。如果可
以用此來評價在地面上正常運轉的社會，我們如何評價被告和
他們的夥伴威特莫爾在絕境之中假定的人類生命的絕對價值？

法律精神與法令文字孰輕孰重？

對於我做出決定的第一個理由解釋到此為止。我的第二個
理由是從假定否認我到目前為止所提出的所有的前提開始的，
也就是說，為了論證的需要，我承認，認為這些人的處境使他
們遠離我們實定法的效力範圍是錯誤的。我承認統一法典有能
力穿透五百米的岩石，從而作用於那些蜷縮在地下捱餓的人們。

當然，現在非常清楚的是這些人的行為違反了法令的字面

的含義，該法令宣佈蓄意剝奪他人生命的行為構成謀殺罪。但一個人可以違反法律的表面規定而不違反法律本身，這是最古老的法律智慧諺語之一。**任何實定法的規定，不論是包含在法令裏還是在司法先例，應該根據它顯而易見的目的來合理解釋。**這一道理是如此基本以致幾乎不必對它加以說明。這一原則適用的例子不計其數並在法律的每一個分支裏都可以找到。

在聯邦訴斯特莫爾（Commonwealth v. Staymore）的案例中，根據把汽車停放在特定區域超過兩個小時構成犯罪的法律規定，被告是有罪的。被告力圖移開他的車，但無能為力，因為街道被一個他沒有參加也沒有理由預測到的政治遊行所阻斷了。他的有罪判決被本法庭推翻了，儘管該判決完全符合法令的字面規定。

又如，在費勒訴尼格斯案（Fehler v. Neegas）中，有一個法令需要由法庭來解釋，這個法令中"不"一詞位置明顯顛倒，它本來應放在法令最後部分也是最關鍵的部分。這個顛倒在該法令後來所有的稿中都得到保留，這顯然是立法發起者和法令起草者的疏忽，沒有人能解釋錯誤是怎麼產生的，但把法令內容作為一個整體來看，錯誤顯而易見，若按此對最後條款的文義進行解釋，將導致與前面所有內容不協調，並與法律序言中所闡述的目的相背離。本法庭拒絕接受該條例字面的文義解釋，而是把"不"放到它明顯要放的位置來解讀該條款，從而達到糾正其語義錯誤的效果。

我們面對的需要解釋的法令從來沒有依照字面意思被加以適用。幾個世紀以前就確立了自我防衛殺人免責。法令沒有任何措辭表明這種例外，人們不斷嘗試着調和自我防衛的法律處理和法令措辭之間的矛盾，但是在我看來，這些努力僅僅是巧妙的詭辯。事實上支持自我防衛的例外是不能與制定法的字義調和的，能與之調和的只有制定法的目的。

正當防衛的例外與規定殺人構成犯罪的法令的真正調和是建立在下列推理上的：**刑事立法的主要目的之一是阻止人們犯罪。**很顯然，如果宣佈在自我防衛中殺人構成謀殺罪，這種規定將不能起到威懾作用。一個人生命受到威脅時肯定會反抗攻擊者而不管法律是怎麼規定的。因此，依據刑事立法廣義上的目的，我們可以有把握地宣佈這一法令並沒有打算適用於自我防衛。

當自我防衛免責的基本原理如此解釋時，同樣的推理顯然可以適用於正在審理中的案子。如果以後任何人陷於本案被告所處的悲慘處境，我們可以相信他們是生是死的決定不會受我們的刑法法典規定的控制。相應地，如果我們明智地解讀這個實定法，它不適用此案是顯而易見的。實定法效力在這種情形下的退隱同樣可以從幾個世紀前我們的前輩對於自我防衛的考慮中得到證明。

　　法庭經過分析法律的目的，賦予法律字句相應的含義，當一個沒有深入研究法律或考察法律所追求的目的的讀者不能立刻領會其含義時，就會有人大呼司法篡權了。我鄭重聲明，我毫無保留地接受這樣的主張：**法院受我們聯邦法律的約束，它行使權力服從於被正確傳達的眾議院的意志。**我前面所使用的推理絕沒影響對實定法的忠誠，儘管它提出區分合理忠誠和不合理忠誠的問題。沒有任何領導會要一個不能領會言外之意的僕人。再笨的女傭都知道當她被告知"削掉湯羹的皮並撇去馬鈴薯的油脂"（to peel the soup and skim the potatoes）時，她的女主人所言非所欲。她同樣知道當她的主人告訴她"放下手頭的事情趕緊過來"時，她的主人忽視了她可能此時正在做的是將她的嬰兒從淋雨桶裏解救出來。我們有權期望審判官具有同樣的智商。糾正明顯的立法錯誤和疏漏不會取代立法者的意志，只是使其意志得到實現。

　　因此，我的結論是無論從哪個角度來分析這個案例，被告都不能被認定為謀殺了威特莫爾，有罪判決應該被推翻。

3 法律與道德的兩難
── 唐丁法官陳詞

> 如果飢餓不能成為盜竊食物的正當理由，
> 怎麼能成為殺人並以之為食物的正當理由呢？
> 另一方面，當我傾向於贊成有罪判決，
> 我又顯得多麼荒謬，這些將被處死的人是以
> 十個英雄的性命為代價換得的。

卸下作為最高法院法官的職責，我通常能夠將我感性的一面和理性的一面分開，並且完全根據後一部分裁決案子。但我看到這個悲劇性的案子時，我發現我通常的策略不再奏效。在情感方面，我在對這些人的同情和對他們的兇殘行為的痛恨厭惡之間煎熬。我希望我能把這些矛盾的情感作為不相干的因素撇在一邊，然後根據法律要求，用具有說服力和富有邏輯的論證結果，來對此案做出判決。遺憾的是，我並未能如願。

以自然法為依據何其荒謬

當我分析我的同事福斯特剛才提出的意見時，我發現他的

觀點充滿矛盾和謬誤。讓我們從他的第一個提議開始吧：這些人不受我們法律的約束，因為他們不是處於“文明社會的狀態”而是處於“自然狀態”，我不明白為甚麼這麼說，是因為厚實的岩石囚禁了他們？因為飢餓？還是因為他們設立了一個“新的政府憲章”，通過這個憲章所有的通常的法律規則被擲骰子所取代？他們還遇到別的困難。如果這些人超出了我們法律的約束到達了“自然法”的管轄範圍，那這種超越發生在甚麼時候呢？是當洞口被封住的時候還是飢餓的威脅達到某種難以確定的強度，抑或是擲骰子的協議達成之時？我同事所提出的學說中有一些不確定性，而這恰恰會帶來真正的困難。例如，假設其中一個人在被困山洞裏時度過了他的二十一歲生日，那我們應該認定他在哪一天成年呢？他甚麼時候滿二十一歲的呢？依據假設，他在甚麼時候脫離我們法律的約束的呢？抑或只有當他被從洞穴裏解救出來並再次受約束於我的同行所稱作的實定法時才能被看作成年？這些問題也許看起來很怪異，但是它們能夠用於揭示導致這些問題產生的學說的怪異本質。

　　沒有必要通過探究細節來進一步展示我同事觀點的荒謬，我和福斯特法官先生被任命為紐卡斯聯邦法院的法官，我們經過宣誓並被授權執行聯邦的法律。我們又根據甚麼授權將自己變成了自然法法庭的法官呢？**如果這些人真的受自然法的約束，**

我們甚麼時候具備解釋和適用這些自然法的權力呢？毫無疑問，我們並沒有處於自然狀態中。

讓我們看看我同事所提出的讓我們加以採納並適用於本案的自然法的內容。這是一個多麼顛倒是非、令人難以理解的規則啊！在這個規則裏面，合同法比懲罰謀殺的法律具有更高的效力。依據這一規則，個人可以訂立有效的協議授權他的同伴把自己的身體當作食物。不僅如此，依據這一規則，此種協議一旦達成就不可撤銷，如果有當事人之一試圖撤回，其他人可以掌控法律，用暴力強制執行契約。儘管我的同事用方便的沉默方式略過了威特莫爾的撤銷，但這是他的論證中必然隱含之意。

我同事所解釋的原則中包含其他令人難以忍受的推斷。他論證當被告攻擊威特莫爾並殺害他時（我們不知道如何殺他的，可能用石頭重擊他），他們只是在行使他們通過協商、討論而被賦予的權利。然而，假如威特莫爾隱藏了他的左輪手槍，當他看到被告想要殺他時，他為保住自己的生命開槍打死了被告。根據我同事的推理，威特莫爾將構成謀殺，因為自我防衛的免責不能適用於他。如果攻擊他的人是正當地力圖置他於死地，那如同一個被判死刑的囚徒殺死合法地對他施以絞刑的行刑官不能要求免責一樣，威特莫爾也不能要求免責。

法律的目的是甚麼？

所有這些分析都讓我不可能接受我同事第一部分的論證。我不能接受他的意見，即認為這些人處於自然法的約束之下，而法庭必須適用他們的自然法，我也不能接受他從自然法中讀出的那一可憎的、反常的規則。現在我來看看我同事第二部分的觀點，即力求説明被告沒有違反紐卡斯聯邦法典第十二條 A 款的規定。從這來看，情況不是變清楚了而是變模糊和不確定了，可是我的同事沒有意識到與他的論證相伴而生的困難問題。

我同事論證的要旨可以這樣概括：任何法律，無論文字如何規定，不應以同它的目的相悖的方式加以適用。任何刑法典的目的之一是威懾。把規定殺人乃是犯罪的制定法適用於本案的特定事實將與法律的目的相矛盾，因為很難相信刑法典能對處於生死關頭的人產生威懾。據我同事所言，在對制定法的解讀中得出這一例外，所運用的推理與設定自我防衛免責的推理相同。

表面看來，這一論證極具説服力。我的同事對自我防衛免責原理的解釋事實上是被本法庭一個判例所支持的，也就是聯邦訴帕里（Commonwealth v. Parry）一案。我在研究這個案子時碰巧也接觸了這個判例。儘管在教科書和後來的判決裏，聯邦訴帕里案一般被忽略，但它毫無疑問支持我同事對自我防衛免責的解釋。

然而，現在讓我簡述當我更仔細分析我同事的論證時，被困擾的疑惑。的確，法令應該根據其目的加以適用，刑事立法被公認的目的之一是威懾。**問題在於，刑法還有其他目的。**聯邦訴斯坎普（Commonwealth v. Scape）案認為，刑法的目的之一是為人們報復的本能提供一個有序的出口。聯邦訴梅克歐沃爾（Commonwealth v. Makeover）一案又說刑法的目的是矯正犯罪人。還有其他理論被提出來。假定我們必須根據法律的目的來解釋法律，當法律有許多目的或這些目的有爭議時，我們該如何處理？

類似的困難來自於這一事實，即儘管我同事對自我防衛免責所作的解釋有權威根據（指先例），但是還有其他權威根據對免責作了不同的原理解釋。實際上，在聯邦訴帕里案以前，我從沒聽說過我同事作過這樣的解釋。法學院所傳授的，也就是被一代代法科學生所記住的學說是：關於謀殺的制定法要求有"故意"的行為。**一個人抵禦別人對他的攻擊性威脅不是"故意"的，而是深深根植於人性的本能反應。**我猜想聯邦的律師幾乎沒有不熟悉這種推理方法的，尤其是當它作為律師主考官的最愛以後。

上述所説有關自我防衛免責最為人熟知的解釋，很明顯現在不能以類推的方式適用於本案。這些人的行為不僅是故意的，而且經過深思熟慮，並對他們應該怎麼做進行了幾個小時討論後做出的。我們再次碰到交叉路口，一種推理方法把我們引向一個方向，而另一種推理方法卻把我們引向正相反的另一方向。看來，此案中的困惑是交織混合的，因為我們必須在採納一種解釋的同時放棄另一種解釋，前者已被吸收進了本法庭判決過的一個實際上鮮為人知的判例中，後者是法學院所教授的法律傳統的組成部分，但據我所知從未被任何司法判決所採納過。

⋯飢餓不是殺人的理由⋯

對於我同事所援引的錯放"不"和超時停車的被告這兩個先例的相關性，我表示認同。但是對我的同事再次在沉默中忽略的那一判例法上的標誌性案件，我們應該怎樣對待呢？該案就是聯邦訴沃爾金（Commonwealth v.Valjean）案。儘管此案被模糊地報道過，看來是被告因為盜竊一個麵包被指控，被告答辯的理由是他處於接近飢餓的狀態中。法庭沒有接受他的答辯理由。**如果飢餓不能成為盜竊食物的正當理由，怎麼能成為殺人並以之為食物的正當理由呢？**如果我們再從威懾的角度來看這個案件，一個人是否可能為了避免因偷竊一片麵包入獄而願意捱餓致死，我同事的説明將迫使我們推翻聯邦訴沃爾金一案的判決和其他許多建立在此案基礎之上的判例。

此外，我難以斷言，對這些人做出謀殺罪的判決將不會產生威懾作用。我相信，"謀殺者"一詞的效果是，如果這些人知道他們的行為將會被法律視為謀殺，他們至少很可能在執行殺人計劃之前會再多等待幾天。那段時間裏救援行動有可能會取得成功。我意識到，將他們的行為視為謀殺只能在某種程度上延緩他們的行動，並不能使之被完全杜絕。誠然，與刑法所正常適用的情況相比，威懾在本案中的作用要小一些。

我的同事福斯特建議對制定法設置例外以支持本案，這會出現更進一步的問題，儘管該問題在他的觀點中沒有明顯表現出來。這種例外的範圍應該有多大呢？本案中，人們擲骰子並且受害者本人原來是協議的一方。如果威特莫爾從一開始就拒絕參加計劃，我們將如何做出判決？多數人同意是否就可以否決他的意見？或者，假定根本沒有計劃，其他人只是共謀殺害威特莫爾，並以他身體最虛弱來證明他們的行為是正當的。再或者，他們又提出了與本案中採取的方法具有不同理由的選擇受害者計劃，比如其他人都是無神論者並堅持威特莫爾應死，因為他是唯一一個相信來生的人。這樣的例子可以舉很多，但以上所舉已經足以揭示我同事的推理中包含着多麼巨大的潛在困境。

當然，經過思考我也認識到，我所關注的也許是一個將不再出現的問題，因為不太可能還有其他的一羣人會被迫實施本案中這樣的致命行為。然而，再進一步想，即使我們確信不會再有類似的案子出現，我所做的闡釋難道不能說明我同事提出的規則缺乏一致性和合理性原則嗎？

不考慮以後訴訟過程中的偶然事件，一個原則的合理性難道不應被它所得出的結論所檢測麼？ 進一步而言，如果情形是這樣，我們這個法庭為甚麼如此頻繁地討論我們以後是否可能有機會再使用解決本案所必需的原則？這是屬於推理一開始不是很正確但後來被先例所承認支持，以致我們可以適用它，甚至可能是有義務地去適用它的情況嗎？

我越是分析思考這個案子就捲入越深。我的頭緒已經被我力圖掙脫的千絲萬縷所纏繞。我發現幾乎任何一個支持本案決定的考慮都被另外一個導向完全相反方向的考慮所制約。我的同事福斯特沒有提供給我，我自己也沒有發現任何方案能夠解決從各方面困擾我的不確定性。

我已經盡最大所能來思考這個案子。自從它出現在我面前並被爭論以來，我很少能踏實入睡。當我感到我傾向於接受福斯特的意見時，我被一種感覺所抵制，他的論證在知性上不健全，僅僅是推理方式合理。

另一方面，當我傾向於贊成有罪判決，我又顯得多麼荒謬，這些將被處死的人是以十個英雄的性命為代價換得的。在我看來，檢察官控告謀殺罪是一種遺憾。如果我們的法令中有規定吃人肉是犯罪，那將有一個更合適的指控。如果沒有其他適合本案事實的指控可以用來加給被告，我想不指控他們會顯得更明智。然而不幸的是，這些人已經被指控並被審判了，我們因此被捲入這個不幸的事件。

既然，我完全不能解決困擾着我的有關本案的法律疑問。我遺憾地宣佈一個決定，我相信這種情況在本院歷史上是沒有先例的：**我宣佈撤出對本案的判決。**

4 維持法治傳統
—— 基恩法官陳詞

> *從立法至上原則引申出來的是法官有*
> *義務忠實適用制定法，根據法律的平實含義來解釋法律，*
> *不能參考個人的意願或個人的正義觀念。*

.

忠實履行法官職責

在一開始我想首先把兩個問題放到一邊，因為它們並非本法庭所應面對的問題。

第一個問題是如果有罪判決被維持的話，是否應該給予被告行政赦免。在我們的政府體制下，這是最高行政長官應該回答的問題，而非法官應該回答的問題。因此，我不同意首席法官的做法，它實際上是在指示最高行政長官在這個案中應該如何做，並指出如果這些指示不被聽從則會產生不當之處。這會導致政府職能的混亂 —— 司法機關是最不應該犯職能混亂錯誤的機關。我想說的是如果我是最高行政長官，我將在赦免的路上走得更遠，而不是停留在人們提出來的懇求上。我會寬恕本案所有被告，因為我認為他們已經為他們所犯的任何過錯付出足夠的代價。我希望大家理解，上述這些評論是我作為一個公民個體所做出的，只不過由於職責的原因，剛好熟知這一案件的事實。**在履行法官職責過程中，我的職責既不是向最高行政長官發出指示，也不是考慮他可能做或不做甚麼，在做出決定的過程中，我必須完全受到聯邦法律的控制。**

第二個我不想討論的問題是關於這些人所作所為的對錯善惡問題。這同樣是個無關法官職責的問題，因為法官宣誓適用法律而不是個人的道德觀念。在將這一問題放在一邊後，我想我無須發表太多評論就可以有把握地反駁我的同事福斯特觀點中的第一部分同時也是更為詩意的部分。他的論證中所包含的不切實際的因素，經過我同事唐丁嚴肅認真地分析之後，已被充分揭示。

我們作判決所面臨的唯一問題是根據《紐卡斯聯邦法典》第十二條 A 款的含義，被告是否的確故意剝奪了威特莫爾的生命。法典的準確表述如下："任何故意剝奪他人生命的人應被判處死刑。"現在我假定任何一個毫無偏私的觀察者，只要樂於理解這些詞的普通含義，將立刻得出結論，被告確實"故意剝奪了威特莫爾的生命"。

這一案件所有的困難從何而來？為甚麼對本該很明顯的結論，卻有必要進行如此長的討論？無論本案的困難以甚麼樣的形式呈現出來，它們都可以歸結到唯一的根源，那就是未能區分本案的法律問題和道德因素。坦率地說，我的同事不願意接受制定法要求判決被告有罪的事實。我也是，但與我同事不同的是，**我尊重我的崗位職責，它要求我在解釋和適用聯邦法律的時候，把我個人的偏好拋在腦後。**

當然，現在我的同事福斯特不會承認，他個人對成文法的厭惡激發了他的論證。相反，他採用了一種人們熟知的論證方法，根據這種方法，當一些法律本身沒有包含可以用來證明法庭判決正當性的所謂"法的目的"時，法庭可以無視法律條文的明確語言表述。由於這在我和我同事之間已不是一個新的問題了，在討論他對這一論點在本案事實上的特定適用之前，我想先說一說關於這一問題的歷史背景和它對法律和政府通常具有的意義。

在本聯邦有一段時期，法官事實上可以自由立法，並且我們都知道在那段時期，很多制定法被司法部門作了徹底的改造。那時公認的政治學原則還沒肯定地指明不同政府部門的位階和功能。我們都知道這種不確定性在那場短暫的國內戰爭中所造成的悲劇，該戰爭是由司法機關作為一方和行政與立法機關共同作為一方之間的衝突所引起的。

沒有必要在這裏重述導致不體面的權力之爭的因素，儘管這些因素包括由於國家不再依據人口數量劃分選區而導致的國家議會喪失代表性，以及時任首席法官的性格魅力和廣受擁戴的程度。

立法至上

那些日子已經一去不復返了，代替那種不確定性的是目前支配我們的明確原則，**即我們政體中的立法至上原則**。從那個原則引申出來的是法官有義務忠實適用制定法，根據法律的平實含義來解釋法律，不能參考個人的意願或個人的正義觀念。我關注的不是禁止法官修正制定法的原則是對還是錯，或是可取不可取，而是這一原則已經成為支撐我所宣誓執行的法律和政治秩序的顯而易見的前提。

然而儘管從理論上接受立法至上原則已經有幾個世紀了，頑固的職業傳統和固有的思維習慣使許多法官仍然不能適應新秩序賦予自己的嚴格角色定位。我的同事福斯特就是其中的一員，他對制定法的處理方式恰恰是生活在 3900 年的法官運用的方式。

我們對改造不受歡迎的立法的過程並不陌生。任何接受福斯特法官先生觀點的人都有機會看到那一過程在幾乎每一個法律分支都發揮着作用。我個人如此熟悉這一程序，以致在我的同事無法完成的情況下，我確信我能為他提供一個令人滿意的意見，而不需要任何提示，或被告知有關他是否滿意適用於眼前這個案例的法律所產生的效果的任何資訊。

對立法進行司法改造的過程要求三個步驟。第一步是推測各個制定法所服務的某種單一"目的"。這一步驟是完成了，儘管一百部制定法當中也沒有一部制定法有這種單一的目的，並且幾乎每一部制定法的目的在不同階層的提案人看來都可以作不同解釋。第二步是在追求實現這一想象的目的時，找到一個虛構的所謂"立法者"，在其工作中忽略了一些東西或留下了一些空隙和不完善的地方。最後也是最激動人心的任務那就是填補留下的空白（這是有待完成的工作）。

我的同事福斯特喜好尋找法律的漏洞，這使我想起古人講述的關於人吃鞋的故事。當問那吃鞋的人為甚麼喜歡吃鞋時，他回答道他最喜歡的部分是鞋上的洞。我的同事對制定法也是這種感受，制定法上漏洞越多，他越喜歡。總之，就是不喜歡制定法。

再也沒有其他案例能比本案更能說明漏洞填補程序的華而

不實了。我同事福斯特認為他確切地知道人們把謀殺規定為犯罪的意圖所在，這就是他所謂的威懾。我的同事唐丁已經指出此等解釋是多麼的片面。但我認為還有更深層的問題，我非常懷疑規定謀殺是犯罪的制定法是否確實有一種通常意義上的"目的"。最主要是這樣的法律規定反映了人們內心的確信，**即謀殺是錯誤的，應該懲罰犯有謀殺罪的人。**

如果我們被迫要把這個問題說得更清楚一些，我們也許可以求助於犯罪學家高深的理論。當然這些理論並不存在於起草我們法典的人的頭腦中。我們也可以觀察到，人們在沒有暴力襲擊的威脅下，將更有效地工作，更快樂地生活。如果牢記謀殺的受害者通常是不快樂的，我們可以再提出一種建議，即對社會不良分子的處置不適宜由私人機構來完成，而應該是國家的壟斷職能。所有這些使我想起一個律師，他曾經在本法院辯論說，通過法令對醫生的執業資格進行控制是一件好事，因為它將通過提高一般的健康水平而降低壽險保險率。這有點誇大其詞地解釋了顯而易見的事實。

如果我們不知道法典第十二條 A 款的目的，我們如何可能說裏面存在一個"漏洞"？我們如何能知道起草者對為了吃人而殺人這一問題的想法？我的同事唐丁對人吃人的厭惡有點誇張但可以理解，我們又如何知道他古老的祖先不會更強烈地憎惡那種行為？

人類學家説，人類對一個被禁止行為的恐懼感將因部落生活條件特別容易誘發那種行為而加劇，正如，在那些最可能發生亂倫的鄉村親戚關係中，亂倫也因此成為最受譴責的行為。毫無疑問，大螺旋之後的那一時期絕對存在着人吃人的誘惑。也許正是這個原因，我們的祖先用如此廣泛和無限制的形式表達了他們的禁止。當然，所有這些都是推測，但仍非常清楚地表明我的同事福斯特和我一樣都不知道法典第十二條 A 款的目的。

…本案不屬於自我防衛的例外…

與我剛才概括的意思相似的考慮也同樣適用於贊成自我防衛的例外，這在我的同事福斯特和唐丁的推理中發揮了重要的作用。當然，在聯邦訴帕里案中的法官在刑事立法的目的在於威懾這一假定之上，對這一例外做了合理的論證。不容否認，一代又一代的法科學生被告知，這一例外的真正理由是一個人在自我防衛時不是故意的。這些學生通過背誦他們的教授所教的內容而得以通過律師資格考試。

我可以把最後一些意見當作不相關的因素而不予考慮，原因很簡單，那就是教授和律師資格的主考官從來沒有權力為我們立法。但是真正的問題同樣存在於更深層次。如同分析制定法一樣，分析這種例外時，問題不在於規則的假定目的，而在於其適用的範圍。現在支持自我防衛的例外範圍，如同本法庭曾經適用過的一樣，已經很清楚了。本法院對支持自我防衛的例外的適用範圍非常清楚：它適用於當事人抵抗威脅自己生命的攻擊的情形。因此非常清楚的是，本案不屬於例外的適用範圍，**因為威特莫爾顯然沒有威脅被告的生命。**

我的同事福斯特力圖用合法的外衣掩蓋他對制定法的重新構建，其彆腳之處在我同事唐丁的意見中不幸地暴露無遺。在唐丁法官的觀點中，他毅然地把福斯特鬆弛的道德主義和他本人對制定法的忠誠感結合在一起。這種努力只會使司法職責徹底錯位，這已經發生了。很簡單，你不可能在嚴格按照法令字面意思執行法令的同時，又隨意按照自己的意願篡改法令。

我知道我在這些觀點中所適用的推理方法，將不會被那些只看判決直接效果的人接受，他們對司法機關關於權力分配的假設的長期意義視而不見。一個艱難的判決從來不會是受人歡迎的判決。法官們在著作中讚頌他們設計某些遁詞的巧妙技能，借助這些遁詞，他們可以在公眾認為訴訟當事人主張的權利不正確時剝奪他的權利。但我相信，司法權力分配從長遠看比艱難的裁決危害更大。疑難案件也許具有特定道德價值，因為它可以使人民認識到自己對最終意義上由自己創造的法律所應承擔的責任，並提醒他們沒有任何個人的恩典能減輕他們的代表所犯的錯誤。

實際上，我將進一步說，不僅我所闡述的原則最適合於我們目前的狀況，而且如果這些原則從一開始就被嚴格遵守，我們還能從我們的祖先那裏繼承更好的法律制度。比如，就自我防衛免責事由而言，如果我們的法庭固守法令的語言，結果無疑是對其進行立法修改。此等修改將需要自然哲學家和心理學家的幫助，隨之對解決此問題將有一個可以理解的合理基礎，而不是我們的司法和學術意見所產生的咬文嚼字和形而上學的混雜。

當然，這些最後的評論超出我與此案相關的職責，但我在這裏說出來，因為我深深感到我的同事們沒有充分認識到福斯特同事所提倡的司法部門概念中隱含的危險。

我的結論是維持有罪判決。

5 以常識來判斷
—— 漢迪法官陳詞

> 這是一個涉及人類智慧在現實社會中
> 如何實踐的問題，與抽象的理論無關。
> 如果按這個思路來處理本案，它就變成本法庭曾經討論過
> 的案件中最容易做出判決的案件之一。"

法律為人服務才有意義

我驚奇地聽到這個簡單的案子所引起的讓人倍受折磨的推理。我從不懷疑我的同事具有給每一個呈現到他們面前、需由他們做決定的問題披上條文主義模糊面紗的能力。今天下午我們聽到一個關於區分實定法和自然法、法律語言和法律目的、司法職能和行政職能、司法性立法和立法機構立法的學術性專題討論，我唯一失望的是沒有人對洞穴裏約定的性質提出置疑 —— 到底是屬於單邊還是雙邊協議，威特莫爾能不能被認為在他的提議被實施之前已經撤回提議。

所有這些與這個案子到底有甚麼關係呢？我們面臨的問題

34

是，作為政府的官員，我們應該如何處置這些被告？**這是一個涉及人類智慧在現實社會中如何實踐的問題，與抽象的理論無關。**如果按這個思路來處理本案，它就變成本法庭曾經討論過的案件中最容易做出判決的案件之一。

在闡述我對本案的結論之前，我想簡單討論一些更加基本的相關問題，一些自從我當法官以來，我和我的同事一直意見不一致的問題。

我一直無法讓我的同事明白**政府是一項人類事務，人們不是被報紙上的語言或抽象的理論所統治，而是被其他人所統治的。**如果統治者理解民眾的感受和觀念，就會給民眾以仁治。但如果統治者缺乏這種理解，民眾享受到的只能是暴政。

在所有政府部門中，司法部門最容易失去與普通人的聯繫。其原因顯而易見。當民眾根據一些顯著的特徵對某種情況作出反應時，法官則嚴格審視呈送到法院的每一種具體情形。雙方都請律師來分析和解剖。法官和律師相互競爭，看誰能從一系列事實中發現最多的困難和區別。雙方都努力尋找案例，不管是真實的還是虛構的，以便讓對方的論證感到難堪。為了避免這種難堪，更多的區別被發現和加入。當一系列事實已經被消耗足夠多的時間作這種處理後，所有的生氣和活力消失得無影無蹤，只剩下一地飛塵。

現在我意識到只要你有規則和抽象原則，律師就能發現它們的差別。在某種程度上，我剛才所描述的現象是對人類事務進行任何形式的調整時，必然會帶來的不幸。但我認為，需要此種調整的領域被過高估計了。

當然，如果遊戲要繼續，有些基本的遊戲規則必須被接受。這些規則中，我認為包括選舉行為、公職人員的任命、工作人員的任期。在這裏有對主觀裁量和權力分配的限制、有對形式的堅持、還有對規則適用範圍的審慎，我認為這些都非常重要。也許基本原則的適用範圍應該擴張到其他的特定規則中，比如那些意在保持自由制度的規則。

在這些領域之外，我認為包括法官在內的所有政府官員，如果把形式和抽象的概念當成工具，他們的工作將做得更好。我想我們應該以好的行政官員為榜樣，他們將程序和原則適用於手中的案情，從所有可以利用的形式中挑選出最適合得出正確結論的規則。

政府的這一方法最明顯的好處是，它允許我們依據常識富有效率地處理我們的日常事務。然而我堅持這一原理還有更深層的理由。**我相信，如果要讓我們的行為與接受我們統治的人們的情感保持合理一致，只有依靠這一原理的洞見，我們才能保持必要的彈性。**與缺少其他特定的歷史因素相比，統治者和被統治者之間協調的缺失，將導致更多政府垮台和更多人類不幸的產生。

一旦破壞了人民大眾與指導其法律、政治和經濟生活的那些人的關係，我們的社會就瀕臨毀滅了。那時候無論是福斯特的自然法還是基恩對成文法的忠誠都無濟於事了。

…判決本案不應忽視的元素…

現在當把這些觀念適用於我們面前的這起案件時，如我剛才所說，它的裁決變得十分容易。為了表明此點，我應該介紹一些事實，儘管我的同事認為默不作聲的忽視它們是合適的，他們實際上跟我一樣已經意識到它們了。

第一，這個案子已經激起了國內外公眾極大的興趣。幾乎每一家報紙和雜誌都刊登相關的文章，專欄作家已經向讀者披露關於政府下一步舉動的秘密消息；成百上千封讀者來信被刊登。最大的報紙集團之一就此問題作了一個民意調查。"你認為最高法院應該怎樣處理洞穴探險者？"大約百分之九十的人認為應該寬恕被告或給予象徵性懲罰後釋放。公眾對這個案子的態度是十分明顯的。

當然，即使沒有民意調查，根據常識，或者只是觀察，我們也能得知，這個法庭上有明顯超過半數或百分之九十的人擁有同樣的觀點。

這使得我們應該做的以及必須做的事情變得顯而易見，如果我們想要和公眾在觀點上保持足夠和合理的一致的話。宣佈這些人無罪無需我們涉及任何有損尊嚴的遁詞或詭計。沒有一個制定法的解釋原則與本法院過去的實踐不一致。當然，沒有任何外行的人會認為，赦免這些人，將意味着我們對法令的延伸會比我們的祖先創造自我防衛原則時更進一步。如果需要更詳細地論證我的決定和調和法律的方法，我願意將我同事福斯特的第二部分論證，也是較少幻想成分的部分作為基礎。

運用常識來斷案

我知道我的同事們被我的建議嚇壞了，因為我建議**法庭應該考慮民意**。他們會告訴你，社會輿論是情緒化的，說變就變，它是建立在真假摻半的陳詞和偏信未經交叉詢問的證人的基礎之上的。他們會告訴你，對像這樣的案子進行審判所適用的法律有精密的保障措施，可以確保案件真相為人所知，並且所有與本案相關的合理意見都會被考慮進來。他們會告誡你，如果允許在這一框架之外的民意對我們的判決有任何影響，所有的這些保障都將付之東流。

但請公正地看看我們刑法執行的一些現實情況吧。總體而言，當一個人被指控犯罪，有四條路可供他逃脫懲罰。其中之一就是法官根據所應適用的法律判定他沒有犯罪。當然，這是一個在相當正式和抽象的氛圍中作出的判決。看看其他三種可能使他逃脫懲罰的路徑。它們是：(1) 檢查機關作出不起訴決定；(2) 陪審團作出無罪判決；(3) 行政長官的赦免或者減刑。

誰能說，做出這些判決時都遵循了嚴格和正式規則，使其既能防止錯誤發生，又排除了情感等個人主觀因素的影響，並保證所有形式的法律都被遵守？

在有陪審團的情況下，我們自然試圖把陪審團對案情的思考限制在與法律相關的範圍內，但無需自欺欺人，這樣的企圖並未真正成功。在正常情況下，有關我們面前這個案子的所有問題本應直接交給陪審團。如果是這樣，毫無疑問，陪審團會出現無罪判決，或至少會出現意見分歧的情況，從而會阻止有罪判決的做出。

如果陪審團被引導，人的飢餓以及他們的協議不能構成謀殺罪的抗辯，他們的結論仍極有可能忽視這些引導，並將比我們可能做的更加歪曲法律的字義。當然，這種情況沒有出現在本案中，唯一的原因是陪審團主席剛巧是一個律師。他的學識使他能夠想出一套說法，使陪審團逃避通常應承擔的責任。

我的同事唐丁對檢察官事實上沒有決定不起訴此案表示惱怒。就像他自己嚴格遵循法律理論的要求那樣，他非常同意把對這些人命運交由檢察官在法院之外根據常識作出決斷。另一方面，首席法官希望對常識的應用放到最後，儘管與唐丁相似，他也希望沒有個人因素參與其中。

接下來到了我的結論部分，它與行政赦免有關。在直接討論這一主題之前，我想觀察一下民意調查結果。如我所說的，百分之九十的人希望最高法院完全赦免這些人或給予某種在一定程度上有名無實的懲罰。百分之十的人構成一個非常奇怪的不同羣體，裏邊夾雜着最奇怪和歧異的觀點。我們的一個大學專家對這一羣體做了研究，發現這個羣體的成員分成幾種類型。

他們中一部分人是花邊小報的訂閱者，這些限制發行的小報給它的讀者提供了一個扭曲的案件事實版本。一些人認為"洞穴探險"意味着食人，而同類相殘是人類社會的原則。然而我想說的是，儘管這一羣體的觀點表現出可以覺察到的多樣性和陰暗面，但據我目前所知，他們中沒有一個人，而且那百分之九十的大多數人中也沒有一個人會說："我認為由法院對這些人判處死刑，然後由另外一個政府部門赦免他們是一件好事。"雖然這一貫是一個或多或少主導我們討論的解決方法，我們的首席法官也推薦這一方法，認為借助這種方法可以在避免不公正的同時，保持對法律的尊重。但是，他應該被說服，如果說他在維護甚麼人的道德，那也是在維護他自己的道德，而不是公眾的道德，公眾道德對他所做的區分一無所知。我之所以提及此點，是因為我想再次強調那一危險，我們有可能在自己的思想模式裏面迷失方向，而忘記了這些思想模式對外部真實世界沒有任何哪怕微小的影響。我現在討論本案中最關鍵的事實，法庭上的每一個人都知道它，儘管我的同事認為把這一事實掩蓋在法官袍之下比較合適。這就是那一讓人恐懼的可能，面對這一問題的最高行政長官可能拒絕赦免這些人或給他們減刑。眾所周知，我們的最高行政官是一個上了年紀，觀念僵化的人。公眾的喧嘩在他身上起的作用經常與人們所要追求的效果背道而馳。我告訴過我的同事，我老婆的外甥剛好是他的秘書的一個密友，我已經從這一間接的、我認為也是完全可靠的方式得知，如果這些人被判違法，他將堅決不給這些人減刑。

對將如此重要的一件事的判斷建立在有可能是流言的資訊之上，我比誰都感到遺憾。如果依我的作風行事，就不會產生這種情況，**我會採取合理的方法，和行政長官坐到一起談談這個案件，發現他的觀點是甚麼，也許還可以和他一起擬定出一個共同應對這種處境的方案。**當然，我的同事從來沒有聽說過這樣的意見。

他們對於直接獲取準確資訊感到躊躇，這並沒有阻止他們對間接得到的資訊感到不安。他們完全了解我剛才所陳述的事情，這解釋了為甚麼通常是禮儀典範的首席法官，認為如果行政長官不減刑，他在行政長官面前甩着法官袍，以開除教籍相威脅也是合適的。這解釋了我的同事福斯特舉重若輕的高超技藝，我猜想整個圖書館的法律書都隨之從被告的肩膀上輕輕的舉起了。它同樣解釋了，我那尊重法律的同事基恩會仿效古代戲劇中身兼數職的人，走到舞台的另一端以平民的身份對行政長官表達一些評論。（我附帶提及一點，平民基恩的建議會在用納稅人支付的錢列印的本法院報告中出現。）

…一個判例的啟示…

我必須承認隨着年齡的增長，我越來越對人們拒絕把他們的常識應用於政府和法律問題感到困惑，這個悲劇性的案件加深了我的氣餒和沮喪。我只能希望說服我的同事接受我自從承擔司法職責以來就一直適用於司法的原則的智慧。事實上，在一個令人遺憾的輪迴裏，我在范雷格（Fanleigh）郡初審法院作法官時所審理的第一個案件就碰到過與本案類似的問題。

一個教派開除了一個牧師，據他們說，該牧師投靠了與該教派競爭的另一個教派的觀點和實踐。牧師四處分發傳單，控訴開除他的教派當權者。該教派的一些世俗成員召開了一個公眾集會，在會上他們提議解釋該教派的立場。那個牧師參加了這個集會。有人說他是在未被察覺的偽裝之中溜進來的，他自己的說法是，他是作為公眾的一員公開進入的。無論如何，當演講開始後，他打斷了有關教派事務一些問題的陳述，發表了一些支持自己觀點的演說。

他被一些聽眾攻擊並被痛打一頓，除了下頜骨折還受了其他一些傷。他對發起集會的協會和十個他聲稱攻擊他的人提起訴訟要求賠償。

當這個案子進入審判時，對我來說，案件起初看起來非常複雜。律師提出一大堆法律問題。對該協會的起訴中，有些是關於證據可採性的問題，比較好解決，有一些困難的問題，要看牧師是非法進入者還是獲許可進入者而定。作為一個法官席上的新手，我渴望應用我在法學院所學的知識，我開始深入研究這些問題，閱讀所有的權威著作，準備理由充分的裁決。但我在研究這個案子的過程中，越來越陷入法律的複雜之中，開始進入類似我的同事唐丁在本案中的狀態。

然而，突然靈光一閃，我想到所有這些複雜的問題都與這個案子無關，我開始依據常識來探究這個案子。這個案子立刻獲得新的思路，我發現我唯一需要做的就是引導陪審團作出對被告有利的裁決，因為證據不足。

　　我得出這個結論是基於下面的考慮。導致原告受傷的打鬥是十分混亂的，有些人努力靠近混亂的中心，有些人極力離開它，有些人試圖打原告，有些人則試圖保護他。要想把這些都弄清楚，將花費很長時間，我判決說，對聯邦來説，任何人的下頜骨折都值不了那麼多賠償（附帶説一下，牧師的傷在其間已經痊癒而沒有導致毀容，也沒有損害他正常的能力）。此外，我強烈地感到原告在很大程度上是自作自受，他知道關於這件事羣情激動，也可以很容易找到另外一個表達觀點的場所。我的判決得到媒體和輿論的廣泛好評，他們都不能容忍被開除的牧師試圖辯護的觀點和行為。

　　現在，三十年過去了，拜有事業心的檢察官和一個嚴格遵守法律的陪審團主席所賜，我現在面臨的這個案子所提出的問題，實際上與那個案子所涉及的問題非常類似。世界並沒有多大的改變，只是此時不是對五六百弗里拉的賠償金的問題作出判決，而是要對四個人的生死命運作出判決。而這些人已經經受的磨難和屈辱，比我們大多數人在千年之內可能要經受的還要多。

　　我的結論是，這些被告是無辜的，被控的罪名不成立，有罪判決和量刑必須被推翻。

最後判決

唐丁法官再次表達意見：

首席法官問我在聽了兩個同事剛才論述的觀點之後，是否打算重新考慮自己先前的主張。我想說的是，在聽了這些意見後，我更加確信自己應該不參與對這個案件的判決。

由於最高法院意見不一且各種觀點的論證針鋒相對，不相上下，初審法院最終維持有罪判決和量刑。根據裁定，刑罰將在 4300 年 4 月 2 日上午 6 點執行，屆時死刑執行官將奉命乾淨俐落地絞死被告人。

後記

　　既然法庭已經宣告了判決，對日期的選擇感到困惑的讀者，也許希望被提醒：我們距離 4300 年的時間，大約相當於伯里克利時期（Age of Pericles）距離現今的時間。這洞穴探險者案既無意成為一個諷刺作品，也不是一般意義上的預言，從這些角度看本案是毫無必要的。至於組成以特魯派尼為首的法庭的各位法官，與他們所分析的事實和判例同樣都是虛構的。

　　本案並無刻意關注與當代的相似點，所有那些力求對號入座的讀者，應被提醒他陷入了自己設置的鬧劇之中，這可能導致他不能領略紐卡斯國最高法院發表的觀點中所包含的樸素真理

　　構思該案件的唯一目的，是使大家共同關注一些存在分歧的政治和法律哲學。這些哲學給人們提出了有關選擇的問題，它在柏拉圖和亞里士多德時代就被熱烈討論。假如我們的時代對這些問題有自己的看法，或許選擇問題的討論將會繼續。如果本案存在任何預測的因素，那至多也是說明本案所涉及的問題是人類永恆的問題。

第二部分

4350年：九位法官，九個延伸觀點

4350年於紐卡斯國最高法院

6 撇開己見
—— 首席法官伯納姆陳詞

> 對立法機關而言，法律和道德不可分離，
> 對司法機關而言，法律和道德相互獨立。
> 立法機關禁止謀殺有其道德動機：它認為謀殺是錯誤的，
> 因此禁止它。……但是，
> 人民不允許法官們適用自己的道德觀點。

一個"漏網"殺人犯現身

去年底，一位獨居於西部荒野的老人被當地警方拘捕，並被控五十年前犯有謀殺罪，整個世界都震驚了。此人並不否認他與四個朋友曾經殺了一個人，但是他否認他們的行為構成了謀殺罪。他承認自己是五十年前被困於山崩之中的探險者中的一員，並且由於飢餓所迫——在他們自己看來是這樣，殺死並吃掉了一個同伴。那次悲劇性探險的五位倖存者當中，有四人被拘捕受審，並被判犯有謀殺罪。四人在庭審時沒有透露出點滴蛛絲馬跡，表明還有第五個倖存者尚逍遙法外，或曾經與他們共處於一個山洞之中。本法院審查了他們的有罪判決，即聯

邦訴山洞探險者案（以下簡稱 " 探險者案 I "）。法院的兩派意見勢均力敵，陪審團的有罪判決得以維持，四名被告人被按時處決了。

對於當初審判四名同伴時所認定的事實，本案被告人毫無異議。案件事實已經在首席法官特魯派尼的陳詞中摘要說明了（見第 2–6 頁）。但是該名被告人拒絕詳細闡述事實尚不夠清楚的地方，比如，計劃抓鬮時涉及到數學計算上的細節，或者具體的殺人手段。他所提供的僅有事實，說明了他的脫逃過程。儘管這些情況非常有趣，但它們並不能說明他是否犯有謀殺罪。由於他是在被捕之前從救援營地逃走的，因此免於被控犯有脫逃罪。

西部地方公訴人僅指控他犯有謀殺罪，並由一個陪審團進行了審理。

紐卡斯國當下的關於謀殺的制定法與五十年之前毫無二致，聯邦法典第十二條 A 款規定："任何人故意剝奪了他人的生命都必須被判處死刑。"事實上，探險者案 I 至少催生了兩項修改該制定法的建議，第一個建議法律詳細規定甚麼構成故意，後一個建議賦予法官自由裁量權（譯註：指法官審理案件的過程中，享有的自主判斷的權力），以助於他們可以選擇一種恰當的懲罰方式。但是這兩個建議都未獲採納。立法者維持了眼前這一古老的關於謀殺的制定法，理由是它一目了然。他們認為，這種簡明性免去了許多繁瑣無益的分析，並便於公民們理解，從而引導自身的行為。基於這些理由，該項法律一直保持原封不動。故此，與他的同伴們一樣，眼前這名被告人被根據同一條法律定了罪，因為他們的行為完全相同。

被告人不服判決，便上訴到西部地區巡迴上訴法院，該法院援引探險者案 I 作為先例，駁回了他的上訴，於是他又上訴到最高法院。我們發現自己處於非同尋常的處境當中，因為我們審理的這個案件在事實上和法律上都與一個多年之前審結的案子完全相同。之前的案件對實體問題作了充分地審理，所有上訴都窮盡了。這是拒絕審理本案並維持上訴裁判的很好理由。但是，上訴法院誤解了先例的性質和效力。探險者案 I 並不是一個支持陪審團有罪裁定的判決；它是一個未決裁決，因為它沒有獲得多數的支持，也沒有任何兩個法官持相同意見。它也沒有確認四名被告人有罪 —— 確認或否認罪名的意見都沒有形成多數，其程序效果上是讓陪審團的裁決保持原狀。與我們一樣，上訴法院傾向於避免重新審理一個在法律上和歷史上都有定論的案件。但是，上訴法院把探險者案 I 視為一個有約束力的先例，這是錯誤的。我們之所以受理本案，部分理由就是要糾正上訴法院的這一錯誤。同時我們亦感到那些重大事實需要得到比五十年之前更為權威的解決。我們希望，較之五十年前導致司法僵局的那些思想流派，當代的法律理論能使我們更勝任眼前的任務，因此受理了上訴。懷抱着這份希望，我們今天在這裏發表各自的看法。

依照法律，被告有罪

漢迪法官訴諸社會輿論和報紙評論來裁判探險者案I。當時，百分之九十的公眾希望四名被告人被宣判無罪。不可思議的是，這一數字與本案被告所得到的聲援極為相近。公眾似乎認為，從道德上而言，這是一樁簡單明瞭的案件。於此我沒有異議。五名倖存的探險者，只不過做了大多數良善之人在相同情境下都有可能做出的事情，只不過大多數人都沒有那五個人的勇氣和決心。即使他們確實做了不道德的事情，也很難找到正當的道德理由去處死他們。如果我們譴責他們為了救五個人而殺掉一個人，那麼我們如何證明以十名工人的生命為代價把他們救出來，卻又將其送去受審並處死是正當的呢？眼前這第五位被告和他的同伴一樣都很難找到正當理由將其處死。

然而，公眾可以僅僅考慮案件的道德處境而寬恕被告，我們卻不能這樣做。**我們必須去發現法律的要求是甚麼。**

特魯派尼和基恩法官在探險者案I中主張，從法律上講，這是一個簡單明瞭的案子，我對此同樣深信不疑。探險者們故意殺死了威特莫爾，該案的事實不能作別的理解，它不會得出任何其他的結論。殺害行為是有預謀的，長時間的討論是為了確定一個選擇受害者的方法，每一步都是有意圖的。假如在即將被行兇的人殺死之前的最後一刻，威特莫爾因為絆倒在地，頭磕在一塊岩石上而死亡，那麼存活下來的探險者們當然可以在受審時那樣陳述。無論如何，他們本來可以這樣說的。那些說法儘管可能是可疑的，但也確實無法辯駁。但是恰恰相反，他們沒有提出任何證詞否認他們自願並有意地殺害了威特莫爾。

　　故此，本案在道德上和法律上都是一個非常簡單的案子。**不幸的是，從道德上而言，簡單會導致無罪判決，從法律上而言，簡單卻會導致有罪判決。**這種矛盾解釋了我的同事在他們的冗長意見中所反映出來的痛苦煎熬。

　　但是事實上並沒有必要痛苦，甚至長篇大論也屬多餘。我們是最高法院的法官，我們立誓要解釋、適用和維護紐卡斯聯邦的法律。雖然法律常常不夠清楚明瞭，但我們誓言的意思卻非常明白。**當法律與道德衝突時，法官的角色就是守護法律。**法官們作為公民當然可以去做很多事情，例如，向行政長官請願要求行政赦免，向立法機關遊說改革法律，批評公訴人，事後批評陪審團，在報刊文章裏發泄怨氣，甚至在貓身上出氣。但作為法官，我們必須遵守法律。既然該案在法律上簡單明瞭，因此我們的義務是甚麼也非常清楚。以前那些被告犯有謀殺罪，眼下這名被告也犯有同罪。

法律無關同情

簡而言之，我完全同意基恩法官的看法。但是，基恩法官並沒有回答審判當中被告人所提出的每一個反對意見，公訴人作了這方面的努力，但是這種回答可以更為系統全面。

被告的辯護律師針對故意謀殺指控提出了許多反對意見。儘管這些反對意見帶有某種法律的色彩，但是在我看來，它們並沒有法律上的根據。我認為，**它們源於與法律無關的同情和個人道德觀。**

前面我已經總結了案件，說明了殺死威特莫爾是故意行為。我認為這點是理所當然的。事實上，我確信，如果在別的案子中，一個同樣有力的故意犯罪指控沒有遭遇到與法律無關的同情和個人道德觀的反對的話，這片土地上的每一個法官和每一個公民肯定都會立刻認為被告的罪名成立。

舉例言之，想像這樣一個殺人者，他跟這些探險者一樣，毫無疑問沒有罪惡的意圖，但殺人行為同樣毫無疑問是有意圖的、自願的和有預謀的。想像這樣一個殺人者，我們對他沒有任何不適當的個人同情。請設想，一個富人在路上通過汽車電話得知一英里之外有一個令人激動的舞會，但是他穿得太隨便，也沒有時間回家換衣服或者去購置合適的衣服，所以他就在街上尋覓，最後他看見一個體形與自己相仿的人，身上穿着一件華美的上裝，戴着優雅的領帶。他讓司機把車停了下來，並且與司機一道將那個人拽到汽車裏，脫下他的外套和領帶，隨後從廢物簍裏撿了空魚子醬罐子的鋒利鐵片，割斷了那人的喉嚨。會有人懷疑這一殺人行為不是故意的嗎？不會。但是，如果此人像探險者一樣並沒有邪惡的意圖，而我們判他有罪，判探險者無罪的唯一理由就在於，我們對那些可憐的探險者抱有一種同情。這種同情感可能是非常普遍、自然而令人尊敬的，但是根據我們的法律，它並沒有任何權威的力量。

不論這些感情如何不恰當，它們確實促使很多出色的法律人去為這一本來有定論的案件尋找不適當的法律反對意見，因此儘管這些反對意見瑣碎且有所歪曲，它們也應該得到簡要的正式回答。

⋯緊急避險抗辯不成立⋯

本案被告與他的同伴一樣，訴諸於所謂的緊急避險抗辯。他聲稱，緊急避險促使他不得不那樣做。並且他進一步宣稱，他的行為並不是法律意義上的故意行為。當然，法律告訴我們，如果行為不是故意而為，那就不構成謀殺罪。讓我們更仔細地審視一下這些申辯吧。

1. 濫用緊急避險將破壞法治

假如我聲稱緊急避險逼迫我不得不為，就可以違背法律且免於處罰，那麼我就可以做任何我想做的事情。任何其他人都可以。其結果便是對法治直接和全面的破壞。**如果緊急避險抗辯要獲得法律效力，那它必須受到嚴格限制。**至少運用這種抗辯的被告所要做的，就不僅僅是聲稱緊急避險。甚至，他們也不僅僅要表明自己對於緊急避險的確信是真切而篤誠的，他們還必須表明自己的緊急避險確信在特定的場合下是合理的，也必須說明有客觀的理由表明他們除此之外別無選擇。

我承認，這些探險者的確認為殺掉他們的一個朋友是必要的。很難想像如果沒有這種確信，他們為甚麼要殺掉自己的朋友。但是，在當時的情形下這並不是一個合理的確信。威特莫爾想在殺死他們中的一個人之前再等一個星期看看。如果他認為他們還能再等一個星期，即使這種想法是錯誤的，那麼至少也說明，這些被告人在殺人當天並沒有面臨十萬火急的緊急避險。正如陪審團的一個不同意見或許會挽救被告人或造成審判無效，因為它表明可能存在合理的懷疑，一個正在忍受飢餓煎熬的探險者還想再多等一個星期，這一事實會譴責被告人並支持指控，因為它說明認為為了求生必須立刻殺人並不合理。

2. 飢餓不能構成緊急避險

即使探險者們合理地確信殺掉一個同伴是必要的，聯邦訴沃爾金案的判決也會推翻他們的主張。關於飢餓能否構成緊急避險這一問題，我們早已有答案：它不能構成。既然一個人不能為了防止飢餓實施相對無害的偷麵包行為，那我們當然也無法容忍為了避免飢餓而有意殺人並食用人肉。

3. 減輕飢餓並非只有殺人一種選擇

但即使飢餓是我們的法律會承認的緊急避險類型，並且即使探險者們合理地相信它是緊迫的，他們也負有減輕的義務。那就是說，在實際殺人之前他們有義務嘗試任何不那麼殘酷的權宜之計。比如，他們可以等待第一個人餓死然後吃掉他。那會使得殺人毫無必要。他們可以吃掉自己的手指、腳趾、耳垂或者喝自己的血。例如,如果他們由最小的腳趾開始吃起,可以很容易用止血帶止住流血。反對使用止血帶的通常意見是,那會導致他們失去四肢末端,但是如果他們無論如何都必須吃掉這些,或者如果不靠這些他們就會死去,這種意見就是不恰當的。這些"零食"能讓探險者們再支撐幾天,甚至一直到無線電聯絡後的第十天,救援者們預計到那時救援行動會取得成功。至少,這些人可以通過無線電詢問醫療專家這些小零食能否幫助他們活到獲救之時。至少他們可以再持續幾天,或許一直等到真正的緊急避險時點。

請注意,至少有四種可替代殺人的選擇:**(1) 等待最虛弱者自然死亡;(2) 吃掉不太重要的身體末梢;(3) 嘗試重新恢復無線電聯絡;(4) 再等幾天。**無可否認,在這些選擇當中,吃掉他們自己身體一部分的建議怪誕而恐怖,但是如果替代的是殺人的話,那這一選擇就不僅是合理的,而且是必須的了。如果緊急避險確有所指的話,那它的意思就是,當時的情境不允許探險者們做出沒有他們的實際選擇那麼有害的選擇。在殺掉威特莫爾的當天,這些人還沒有到那種情形。

4. 製造危害者不能受惠於緊急避險

即使他們沒有義務在實施更為恐怖的行為前嘗試不那麼恐怖的權宜之計，由於自己的選擇造成危險或者緊急避險的人也不可以使用緊急避險抗辯。這些人設想了山崩的危險，否則怎麼會在協會留下指示以便在他們未按確定日期返回時展開搜救？否則怎麼會攜帶無線電設備？他們明曉得山洞探險運動是危險的，他們的自由選擇將自己暴露在那種危險之下。當危險來襲時，人們應該對他們感到同情，但是他們沒有法律上的申辯資格。他們不能以自願面對的危險為由殺掉別人。

5. 被告應對危機準備不足

即使他們並沒有預見到山崩的風險，他們也疏忽大意了，帶的食物太少以至於無法應對山崩的風險。事情的結果證明了此點。他們知道那個洞穴裏沒有任何動植物，但只帶了"剛剛夠用的食物"，我們不能因為將他們困在洞中的不可抗力而譴責他們。但是我們可以責難他們沒有做好充分的準備以應對危險，他們知道或者應該知道這種危險是他們危險運動所固有的。

6. 選擇被害人有欠公平

即使他們有資格運用整體的緊急避險抗辯，被害人也應該被公平地擇定。在本案中，選擇手段是抓鬮，他們最初都是同意的。我們並不知曉他們花了多長時間去討論抓鬮的數字細節。但是很顯然，那些時間花得物有所值，他們設計出了一個方法，使每一個成員都接受了那種恐怖的前景。但是，在擲骰子之前，威特莫爾撤回了同意，理由是（正如上面提到的）他認為抓鬮還不是十分必要。威特莫爾撤回同意的理由削弱了緊急避險抗辯，而且他的撤回本身即使毫無根據或者不夠理性，也削弱了選擇程序的公正性。如果選擇方法不公平，即使緊急避險的成分仍在，整體上的辯護也就失敗了。想像一下有着與本案一樣的緊急避險的情形；如果被告人放棄了公平選擇一個受害人的努力，轉而依賴種族憎惡做出選擇，殺掉他們之中的歐洲裔或者猶太裔紐卡斯人，我們會判決他們無罪嗎？顯然不會。

這就是本案中的緊急避險抗辯的結論。它是不能成立的。

法律不能依個人好惡去解釋

不止一個同事想用關於謀殺的制定法的精神來代替其字面含義，或者為了實現其目的乾脆把它擱置一旁。儘管我們作為法官的職責就是要解釋法律，但是那並不允許我們把所不喜歡的明確規定的法律加以修訂，並將這種僭越行為稱為"解釋"。

根據費勒案，我們可以為了糾正一個明顯的印刷錯誤而修訂制定法。但是那一合理的先例不能被擴展到本案，被用來宣告這些探險者無罪。在費勒案中，那一制定法的目的非常清晰，因此它非常有助於人們正確理解被誤用的語言。在本案中，正如我同事們的分歧表明的，關於謀殺的制定法的目的並不完全清晰。它或者是威懾犯罪（帕里案），或者是報應（斯坎普案），或者是改造（梅克歐沃爾）。我們不能將法律的大廈建立在這種流沙之上。因此，我們必須接受這部制定法的明確規定，而不能為了適應我們的口味而修訂該法，求諸矛盾重重的關於謀殺的制定法的目的理論。

　　唐丁法官主張那些反抗侵犯者的人並不是"故意地"實施行為，因為他們的反應植根於人的自然本能（見 20 頁）。他並沒有將這一分析用到本案當中，因為探險者們顯然是故意行為，但是他仍然斷定關於謀殺的制定法的目的與人類本性是一致的。相似地，福斯特法官承認，"支持自我防衛的例外是不能與制定法的字義調和的，能與之調和的只有制定法的目的（見 14 頁）"，並主張支持自我防衛的那一目的也支持本案中的殺人行為。這些主張的問題在於，它們允許法官推測法律的目的，並根據這種推測做出結論。再也沒有其他方法能比這更快捷地把法官從法律的束縛中解放出來並讓他們任意遵循個人意見的了。儘管制定法隻字未提，自我防衛還是被承認為制定法的例外，其真正原因是在該法起草和通過之時，這是所有的立法者、法官和公民所公認的。改變這一古老而普遍的規則並不是原始立法意圖的一部分；如果它是的話，立法機關知道該怎樣讓自己的意圖明確無誤。與此類似，我們無需為了表明死刑與關於謀殺的制定法和諧一致，而費力地去爭論有關"故意"的問題；之所以和諧一致，是因為它與自我防衛一樣在制定法被通過之時是合法而普遍存在的。

我們已經聽過有人這樣主張，說關於謀殺的制定法創造了一個基於人類本性的例外，或者說緊急避險否定了故意。我敢肯定，我的同事們對制定法的含義作出這樣的論斷時，認為他們自己的說法通情達理。但是我真不知道，除了詞句對於那種語言的一般使用者來說具有的通常含義之外，一部制定法還能表達其他的意思。如果語言的一般使用者在特定語詞的意義上存有分歧，那我們可以向那些語詞的作者詢問。但是我們不能向法官們諮詢這個，好像他們是解釋語言含義的卓越而獨立的權威似的。

制定法中語詞的一般含義並不支持任何有關基於人類本性的例外或者緊急避險免責效果的推測。我非常肯定，起草和通過那一制定法的立法者以及簽署法律使之生效的行政官在心裏壓根兒沒有想過法律的這種微妙之處。相反，自我防衛和合法的行刑則毫無疑問是在他們的考慮之中。

政府的立法部門應當受到我們的尊重，但並不總要受到崇拜。該部門中很少有人精通刑法，並且對刑法的基本道德問題有着深切關懷。立法機關中的那些非法律人士毫無疑問從來沒有認真考慮過人類本性、緊急避險或者犯罪意圖問題。裏邊的法律人士也大多是民法或者公司法的執業者，其財富助其成功地競選上了公職。他們有關刑法的知識完全來自在法學院就讀時所上的一門必修課。極少數有過刑法學訓練的法律人，即是那些靠起訴腐敗政治家而獲得的名聲成功進入立法機關的公訴人，他們的職業興趣在於找到一些策略把確定的被告人送入大牢，而不是深入思考支撐或者應該支撐我們確定刑事責任之方法的道德原則。作為公訴人，他們無需證明關於謀殺的制定法中"故意"的要求是正當的，或者解釋其基本原理；他們只需說服陪審團一個做了惡事的人是故意實施該行為的。此外，即使那些對刑法的原則有某種深入思考的法律人，也要按要求對卷帙浩繁和包羅萬象的刑法草案進行投票，這種草案內容繁多，除了"牢獄律師"之外沒人能完完整整地讀下來。而且至少有一半的投票由黨派領導命令其作出，或者由院外遊說者的說辭所誘導，或者為了換取其他立法者在其他法案上的支持而拿來作交易，即使立法者們確實對法案有一點自己的想法，投票也無須反映出他們自己的觀點。簡而言之，立法者的原始意圖決不是像我的同事們所勾勒出來的那種深奧微妙的東西。相反，碰巧要就立法進行投票的非專家有可能被工作班子中的專家告知，"故意的"這個詞是制定法中一個很好的觀念，可以將我們希望懲罰的殺人者和那些我們不希望懲罰的區分開來。

當然可以進一步說，即使立法者們理解了他們所要投票表決的語言，並且對法案的基本政策和原則作了盡職盡責的考慮，也本着自己的良心投了票，他們之間的"分歧也使我們不能說該立法機關"有甚麼單一的意圖。即使其行動完全一致，我們需要該向每一個有權力修改或者廢止那一制定法但又選擇不那麼做的後繼立法機關諮詢其意圖嗎？

以上這些論據要求我們遵循像"故意的"等詞語的一般含義，而不是追隨在法學雜誌上看到的最前沿和最精妙的理論。如果有人指出立法機關的原始意圖和那些語詞的一般含義可能發生衝突，我會立刻承認這種觀點。但是不能轉而贊同那些最接近於法官個人口味和道德觀念的意見，對立法意圖和一般含義置之不理。

…守護法律是法官的職責…

我已經論述了道德原則是法律的基礎，但同時我也論述了法官應該將法律和道德區別看待。如果說我有點過分簡潔了，那麼下面這種限定會讓上述主張的融洽性一覽無餘：**對立法機關而言，法律和道德不可分離，對司法機關而言，法律和道德相互獨立**。立法機關禁止謀殺有其道德動機：它認為謀殺是錯誤的，因此禁止它。沒有人懷疑這一點，也沒有人會出於別的原因而禁止謀殺。但是，人民不允許法官們適用自己的道德觀點。法官的任務是解釋立法機關的語詞，這些語詞反映了立法機關的道德觀點，也在某種程度上反映了人民的道德觀點。

我們要像普通公民和陪審員可能理解的那樣去解釋制定法的語詞，並根據制定法通過之時的習俗來解決疑難問題，假如立法者的意圖清晰明白，那它也被包括在這種習俗之中。這是人類至今所發現的強迫自己適用法律、避免行使凌駕於法律之上的專制權力的不二法門。

我要提醒我的同胞們，有三點極佳的理由要求我們不以道德的名義否決法律，或者以解釋的名義混淆法律與道德。第一，我們被任命終身任職。所以我們與政治過程完全隔絕；我們不向人民負責。因此在公職人員當中，我們最不應該將決斷建立在政策或者其他有吸引力的代替品——諸如道德或者正義之上。我們與政治過程彼此隔絕的唯一目的是,讓我們可以遵守法律行事,即便這從政治上看確有困難。本案的判決在法律上非常容易做出,在政治上卻很難宣佈,它是對我們職責的再清楚不過的召喚。

第二個理由是,當本法院以前的法官顯現出一種目空一切的傾向,做出的判決用個人道德觀代替或者削弱這片土地上的法律之時,人民起而反抗了(見 27 頁基恩法官意見)。在繼之而來的內戰中雙方的許多暴行嚴重破壞了我們的聯邦。即便法官的正確角色在內戰之前尚不清楚,那麼現在它也應該是一目了然的了。

第三個理由是,我們生活在一個多元社會之中。那些要求我們以正義的名義把法律拋諸一旁的人顯然假定,我們個人的正義觀念與他們的完全一致。如果我們不顧法律而去施行個人的正義觀念,並使之成為規則,那我們就會冒犯和壓迫道德觀點與我們不同的人。如果在一個法律與大眾道德幾無區別、司法造法與立法機關的立法指向一致的大同社會中,這麼做或許還有一點理由。但是我們生活在一個多元社會當中。這意味着我們在道德問題上的分歧是真實而深刻的,而不僅僅流於表面上。它同時也意味着我們達成了一種高層次的一致,即在法律與政府目的問題上,這些彼此競爭的觀點中沒有任何一種有資格壓倒其他的。如果這些觀點中的一種其支持者在數量上成為多數,並且聰明地利用了投票，可以暫時主導我們的政治生活。但是，我們也達成了另一個高層次的一致，即每一種數量上的少數原則上都可以變成數量上的多數。因此儘管我們通過計算選票選舉立法者，我們也只是給了公民們一張選票，而不是讓他們的觀點具有"道德上的優越性"。**生活在多元社會中意味着，任何一種觀點都不能為了官方目的被視為在道德上優越於其他的觀點。**如果事實的確如此，那假如我想壓制那些在定義正義為何的問題上與我意見相左的人，我就只能以正義之名把法律拋諸一旁。如果人民作為整體通過法律來表達意志，那麼以正義為名將法律拋諸一旁，就是以優待與法官想法一致的羣體的名義踐踏了人民。在那種意義上，訴諸法律之外的正義就是精英主義者在企圖顛覆民主，如果我們都傾向於同意訴諸正義，那是最危險不過的。只要我們盡力使得所有的觀點都能在立法程序中得到傾聽，—— 我們正是這樣做的 —— 那在多元社會中維護和平安寧甚至正義的唯一手段就是守護法律，我們永遠不能為了僅僅由一個派系、教派或者集團所持有的道德或政治觀點而置法律於不顧。

如果沒有以上這三點理由，在具有道德強制性的判決與具有法律強制性的判決之間存在區別的情況下，人們傾向於前者就不會有甚麼問題，並且也是明智的。但是這三項理由要求人們得出相反的結論。我們的法律專業學生中流傳着一個古老的笑話，它説的是，如果你想研習正義，那你應該離開法學院到哲學系或者神學院去註冊。我想，人們可能認為它是可笑的吧，或者它被用來嘲笑我們的職業。但我從來不這樣理解這則笑話。法律在很多方面不同於理想中的正義，其中之一是，法律體現了特定時刻特定民族同意用來統治自己的理想正義，為了確保這種同意，法律必須接受每個人的個體理想所達成的諸多妥協。

那些在道德問題上有些急躁的理想主義者，不理解法律在人類事務中的地位，他們在法律之上和法律之外尋求正義，並把他們自己的正義觀念置於民主程序所產生的妥協之上，對這些人，我最後要加上一句，法律本身就包含了那一問題的解決方案。**行政赦免（用洛克的話來説）的目的是減緩法律的嚴苛。**如果我們的法律清楚明白，但又過分嚴厲，這時法官應該做法律所明確要求的事情，因為它是法律；行政長官則可以考慮赦免，因為法律過分嚴厲。顯然，這樣説根本不是要通過福斯特法官提出批評的特魯派尼法官所建議的方式把責任轉移給行政長官。相反，它可以讓法官承擔作為法官的責任，做出法律所要求的判決，即便該法律嚴苛無比。

我贊成維持有罪判決。

7 判案的酌情權
—— 斯普林漢姆法官陳詞

> 緊急避險抗辯內在的法律原則是，
> 由於緊急避險而實施犯罪的人沒有犯罪意圖，
> 所以不應該受到懲罰。……如果探險者們出於緊急避險而殺人，
> 那麼他們就沒有犯罪意圖，或者說沒有在實質的意義上
> 故意殺了人，因此該被判無罪。

被告沒有犯謀殺罪

有關探險者案 I 的意見中唯一讓我感到驚奇的是，有人堅持認為這是一樁簡單的案子。特魯派尼和基恩法官認為事實很明顯，就是那四名被告殺死了威特莫爾。在本案中，伯納姆法官認為第五名被告人同樣是故意殺人。福斯特和漢迪法官依據不同的理由來宣告這些人無罪，但是都認為宣告無罪是法院的唯一明顯的辦法。不過對我來說，這個案子明擺着是一樁疑難案件。唐丁法官理解此點，但是並未能一以貫之。和簡單案件一樣，疑難案件也有答案，儘管它們讓法官們承擔了更為重大的關注和謹慎，並且無法確保得到每一個盡責的法官的同意。但疑難案件答案的此種特性不能如福斯特法官和漢迪法官所主

張的那樣，被作為訴諸私人道德信念的藉口，不能如特魯派尼和基恩兩位法官所主張的那樣，被作為對那些導致就職宣誓難以實現的法律複雜性視而不見的理由，不能如伯納姆主張那樣，被作為過分簡化法律與道德之間關係的理由，同樣，也不能如唐丁法官所為，成為碰到死結就趕緊放棄的托詞。

根據紐卡斯國的法律，探險者們並未犯有謀殺罪。因此我投票推翻被告人的有罪判決。我想要強調的是，他之所以要被判無罪，並不是基於甚麼抽象的正義、理性、常識、自然法或者流行道德觀念，或者民意調查，**而是基於紐卡斯國的實定法，尤其是界定謀殺罪的那部制定法及解釋它的先例。**

我發現我同事們的觀點中有一種過分簡單化的對立：一方面是判決不容選擇（因為法律清楚明瞭），另一方面是判決需要自由裁量或者考慮某些法外因素（因為法律並不明確）。但是，當我聲言這是一個疑難案件之時，我並沒有說，那允許我可以通過訴諸自由裁量或者法外的考慮來裁判案件。

探險者案I中的法官們不認為他們可以自由運用裁量權，這使我倍受鼓舞。特魯派尼和基恩法官帶着遺憾支持了有罪判決，如果他們認為自己有自由裁量權的話，那他們可能就會做出不同的判決了。在本案中，伯納姆法官採取了一種相似的立場。假如唐丁法官認為他擁有自由裁量權，他就能輕易找到個人理由來實現通過其他方式都沒法實現的平衡。福斯特提出了兩種精巧的論點，漢迪則求諸民意來做出判斷。即使它們是錯誤的，也只是判斷標準，而不是裁量權的自由運用。既然我們並不擁有自由裁量權，因此我們必須考察法律的要求是甚麼。考慮到這是一個疑難案件，我們預期這種考察將會非常艱苦，説不定如同神話中的赫拉克勒斯那樣。故此我們在考慮法律的複雜性時要不屈不撓，堅持到底，同時也要對原則的細微差異保持敏感。

沒有犯罪意圖的"故意殺人"

　　被告人被判犯有謀殺罪，所以我們必須從考察關於謀殺的制定法開始。如果被告是故意殺人，那關於謀殺的制定法就要求我們對他施以懲罰，被告人承認他與四名同伴一起殺了威特莫爾。那麼，剩下的唯一問題就是，他們是否故意殺害了他。

　　説本案是一樁疑難案件的一項理由是，案件事實使得我們無法運用當下的故意觀念去得出一個穩定可靠的結論。探險者們顯然就殺人進行了計劃，他們花了大量的時間來討論擲骰子的數學細節問題，擲骰子的目的就是選擇一個要被殺掉的人。他們並非有意地選擇了威特莫爾，但是他們的確有意地選擇了一種擲骰子的方法，而且也確實有意圖地殺害了被選擇出來的那個人。威特莫爾也不是被意外選擇或者殺掉的，他的同伴們有意地而不是意外地殺害了他。殺害行為是先前的一項計劃的結果，而不是由於激怒或者盲目的衝動而發生的，探險者們在庭審時甚至沒有試圖運用一種精神病理由為自己辯護。並且如伯納姆所指出的那樣，他們也沒有聲稱威特莫爾是自然死亡，或者在被殺之前就意外身亡。**所有這一切都證明他們是故意。**

但是他們並沒有任何邪惡的意圖。儘管他們沒有因為盲目的衝動而殺害他人，但他們的確是出於一種自我保存的動機而殺人的。唐丁法官説過因自我防衛而殺人從法律意義上而言不是故意的，因為它是出於"深深根植"於人性的自我保存的本能（見 20 頁）。如果鎮定公開的自我防衛不是故意行為，那麼探險者們的這一行為也就不是故意的。即使認為這不是一個自我防衛案件（我也不這麼認為），我們也能夠同意這點。相似地，儘管探險者們選擇了殺人，但是，如果他們不這樣做就只能選擇自己去死。他們沒有甚麼合理的選擇。説他們發現自己處於恐怖而緊迫的情境之中，指的就是這個意思。同樣，説他們因為"必要"（我將在下面進一步説明）而殺人，指的也是這個意思。所有這一切都證明不存在故意。

通常而言，**殺人意圖意味着，存在其他一些合理的選擇，法**

律要求他們做出那樣的選擇，而不是去殺人。一般來説，預謀意味着惡意，沒有衝動意味着一種可受譴責的神志清醒度，但是他們的殺人行為使得這些原本的預想都難以成立。"故意"一詞的諸多含義在這些事實上面無法統一起來。探險者們有預謀和有意識地採取了行動；但是並沒有惡意，並且基於同自我防衛者一樣的原因，他們沒有犯罪意圖。

但是，即使"故意"一詞對本案雙方都有支持的一面和顛覆的一面，那也並不意味着這個詞根本不能用作我們判決的標準，也不意味着法律在本案中就像森林裏的麵包屑一樣到某一點就消失不見了，於是我們就必須從這點開始在沒有法律指引的情況下繼續前進。我們不能因為喜歡怎麼樣就怎麼樣。我們在主觀上可能會被衝突的原則攪成一團亂麻，感到巨大的不確定性。然而，沒有任何理由表明，我們主觀上的不確定性確實反映了法律的客觀不確定性，也沒有理由借助如脱韁野馬一般的自由裁量權、不言自明的正義或者法律的精神來迴避案件的複雜性。

要恰當地確定這一殺人行為是不是恰當意義上的故意，就要去檢視本法院解釋"故意"一詞的其他判例，例如，如果實施安樂死是故意的，那麼有預謀就不僅僅意味着不存在惡意。如果一個輪胎製造商因為明知產品的缺陷而銷售，因此被認為在一起車禍致人死亡事件中是"故意的"，那麼存在合理的可替代的行為方式不僅僅意味着沒有衝動，如此等等。但是非常不幸的是，我們並沒有關於此點的先例。

由於我們假定被告在罪行得到證明之前是無罪的，並且要求刑事審判中的罪行必須得到排除合理懷疑的證明，我們應該以有利於被告的方式解決所有的疑難問題。這一不容懷疑的原則要求我們宣告被告無罪。但是不妨假定這一規則從未存在過。

法律如何界定“故意”

解決這些懷疑的另一個辦法就是，考慮“故意”一詞在關於謀殺的制定法中，其功能在於表明“犯罪意圖”或者“犯罪故意”的要求。這種方法更令人滿意，因為它要求我們更加仔細地審視我們聯邦的法律。假如沒有它，我們就會不理會被告當時的心理狀態，去懲罰任何一個致人死亡的人。我們也就不能將謀殺者與其他殺人者區分開來。犯罪意圖的要求促使我們對那些缺乏必要心理狀態的被告人判決無罪，例如，小孩、嚴重低能兒、暫時性精神障礙者，以及那些由於激情、怒氣或特定種類的疏忽或錯誤而暫時難以自控的成年人。看一看紐卡斯國歷史上解釋“故意”含義的先例，我們並不會在其中發現確定我們語言用法的字典式釋義，也不會發現為了確定早已離開人世的立法者們的意圖而做的歷史考察，而只會發現為了確定犯罪意圖原則或者概念而做的法律上的界定。

　　同不存在先例相比，先例之間的不一致給我們造成的困境同樣糟糕，而且我們常常發現自己處於這種司法窘境之中。面對這種障礙時，裁判就回歸到它在道德與政治哲學中的根基。"故意"一詞並沒有指稱歷史上的立法者們在投票當時心中的實際所想，更不用說如伯納姆所提到的紐約大街上的外行所想像的這個詞的意味。伯納姆很好地說明了 —— 儘管可能是無意地 —— 如果讓各種存在分歧和混亂不清的想法代替、甚或補充我們的解釋原則，我們的法律會遭遇怎樣的疑難困境。相反，"故意的"一詞指的是故意的概念。我們的任務就是去解釋這一概念，並且承認除了通過個人的觀念去解釋外，沒有更好的方法。事實上也沒有任何別的方法。甚至該詞的"通常意義"也促使我們在這一概念上達成妥協，而不是去翻檢先輩的日記，或者去大街上做民意調查。

　　伯納姆擔心這會讓法官脫離法律約束，這明顯具有誤導性，以至於人們懷疑它就是一個玩笑。**我們的任務是解釋立法機關這一強大的公共約束力所設定的概念，而不是解釋我們自己的偏好，或者用自己喜歡的概念去代替立法機關的概念。**這正是特許或者自由裁量權的對立面。

…緊急避險抗辯成立…

紐卡斯國承認緊急避險是刑事指控的一般辯護。無論在斯特莫爾案，還是在古老的、不知名的第一個承認自我防衛例外的先例中，這都是非常清楚的。關於謀殺的制定法和斯特莫爾案中的停車法令對緊急避險抗辯都保持了緘默，並且事實上將這種抗辯從字面上排除出去了。我們還可以進一步斷言，紐卡斯國的制定法不承認緊急避險抗辯。但這並不意味着，緊急避險抗辯不為我們的法律所接受，或者與我們文明的道德原則不相一致，當然也不影響我們的法院在公眾的讚許之下，以緊急避險為由宣告被告無罪。那些案件構成了先例，我們要根據它們去解釋"故意"一詞的含義，以及關於謀殺的制定法為甚麼對免責事由和正當理由保持沉默。

緊急避險抗辯內在的法律原則是，由於緊急避險而實施犯罪的人沒有犯罪意圖，所以不應該受到懲罰。那麼故意的問題就簡化為緊急避險的問題。如果探險者們出於緊急避險而殺人，那麼他們就沒有犯罪意圖，或者説沒有在實質的意義上故意殺了人，因此該被判無罪。

進一步説，探險者們的確是由於緊急避險而殺了人。**殺人的替代選擇就是死亡，這是最強烈意義上的緊急避險。**

伯納姆法官有效地編織了六種對於緊急避險主張的反對意

見，儘管他過快地接受了它們。讓我們按次序來考察一番。

1. 本案緊急避險的確信合理

探險者們必然會死亡嗎？換句話説，他們對於緊急避險的確信在當時的情境中是一種合理的確信嗎？伯納姆認為真誠但不具有合理性的確信是不夠的，就此而言他是正確的。否則的話我們就會面臨無秩序狀態，原諒每一個癲狂者懷抱錯誤、愚蠢甚至無稽的，但同樣也是真誠的緊急避險的確信去觸犯刑律。因為緊急避險抗辯將法治置於險境，所以我們必須對其存在確信的合理性進行詳細考察。

所幸，在本案中答案是清楚的。在人們通過無線電找到他們之前，探險者們已經被困在山洞之中達二十天之久。他們從負責營救工作的工程師那裏得知，至少要再等十天以上才有可能獲救，並且從現場的醫生那裏知道，在沒有食物的情況下再多活十天，只有"極小的可能性"。他們從同一些醫生那裏得知，如果吃掉一個同伴，則至少可以多活十天。他們也就殺掉一個成員來果腹的可能性諮詢了專業的法律和道德意見，然而得到的只有沉默。再度置疑被困地底行將餓死的人們的行為，無異於放馬後炮。在本案中，探險者們為緊急避險採取那一絕望行動在當時情況下是合理的，這再清楚不過了。它並沒有建立在他們自己對於生命的預期之上，這種預期會被虛弱和恐懼所扭曲；它是根據專家意見做出的。事實上很難設想，如果還有更讓人樂觀的資訊的話，這些人會被迫殺害並吃掉一個同伴。

伯納姆法官指出，威特莫爾想再等待一週。的確如此，但這並不意味着威特莫爾的意見是對的，也不意味着比殺他的人的意見更為合理，甚至也不意味着那種意見本身是合理的。他的猶豫完全可以解釋為不安和恐懼。探險者們必須選擇，是相信威特莫爾的意見呢，還是相信從無線電裏傳來的工程師和醫生們的意見。面對這樣的選擇，他們的那一行為也是再合理不過的了。

2. 本案中飢餓可作為一種緊急避險

儘管有強有力的證據支持存在死亡必然性，公訴意見反駁道沃爾金案意味着餓死並非一種合法的緊急避險。我們對此感到遺憾。在沃爾金案中，一個人因為飢餓偷了一片麵包，並據此聲稱他的行為是基於緊急避險的，然而最後被判有罪。有非常多的理由可以把沃爾金案同本案區分開來。首先，沃爾金可能並不是一直在捱餓，我們不知道他的飢餓程度如何；因此我們不知道他所認為的緊急避險的極點何在。其次，即使沃爾金在捱餓，他並沒有同樣的專家意見來支持他的緊急避險確信。

而探險者們對這些關鍵事實擁有更為有力的證據。第三，除了犯罪，沃爾金還有其他很多選擇。我們告訴他可以再找一份工作，這不會降低他的絕望。同時，乞討並不違反紐卡斯國的法律，許多教堂和世俗慈善機構也都在施捨窮人。也許他會認為那些都會讓他覺得屈辱，但是那些施捨是他能夠獲得的。洞裏的探險者們可沒有具有類似吸引力的選擇。所以我們認為，沃爾金案否定了一個擁有充分選擇機會的人的緊急避險抗辯，拒絕了他的緊急避險主張；但是那並沒有否定緊急避險抗辯本身的存在，抑或也沒有否定飢餓可以作為一種緊急避險。

3. 當時情形下殺人是生存唯一的選擇

公訴意見進一步辯稱，探險者擁有的有吸引力的選擇或許比沃爾金少，但是他們並不是只有一個選擇。只要任何一個人都不想自願去死，那他們還可以吃掉比如説自己的手指和腳趾。他們也可以等待第一個人餓死。這顯然是一個痛苦的過程，但可以避免殺人。除非有一個人從開始起就比其他人虛弱，否則在第一個人死亡之時，剩下的人都會非常虛弱。但是，即使他們已沒有力氣去從第一個自然死亡者的身上"挖出"，或獲取食物，這也不是一個理由。他們有義務在殺人之前嘗試任何可以避免殺人的方法，尤其是，如果他們聲稱自己是出於緊急避險而殺人的話。

這種辯解是強有力的，但是仍可以得到回答。如果探險者們合理地相信，他們會在任何時候獲救，那他們就可以從吃"點心"開始，直到"點心"吃完後再舉行"盛筵"。但是他們從專家意見中知道至少還需要十天才能被救出去。很難合理地讓人相信，已經在忍受飢餓煎熬的人可以靠相當於女士手上的小碟甜品的營養再活十天。由於他們知道專家的意見，所以必須吃掉更具有實質意義的部分，比如手臂或者腿。但是又有人會問，為甚麼不呢？那不是比死亡好一點嗎？我們現在想像一下，處於超乎我們想像的困境中的那些人會怎樣做出選擇。是死掉好呢，還是在不打麻醉藥的情況下吃掉一兩條手臂或者腿，忍受一週或者更長時間的折磨好呢？同樣的問題存在於選擇死掉還是因飢餓折磨致死當中。在這種情況下，只能考慮如何做才會對那些不得不選擇受苦方式的人們更有利。

反對意見還提出了比例問題。**我們說自我防衛殺人因為是建立在緊急避險基礎上所以是正當的。但是殺人行為必須與所受的傷害成比例。**所以一個人不能殺掉向他臉上踢沙子的地痞，或者一個即將獲勝的跳棋對手。但是無論如何，當是否受到死亡威脅並非一目了然的情況下，我們要作對自我防衛者有利的解釋，因此在探險者們面臨的情境中，我們也要作對他們有利的考慮。因此，比如人們可以殺掉用拳頭攻擊自己的瘋子，可以殺掉一個三更半夜爬到臥室窗戶上的陌生人，而甚至不必等到威脅變得更為具體時再動手。一個處境危險的人所合理相信的，比一個公訴人用事後諸葛亮之見所認為合理的要多得多。我們的標準是問，被告人是否對緊急避險有一種合理的確信。這要求我們用他自己的立場，就像身臨其境，身處同樣超乎想像的情境之中。

當然，我們承認緊急避險抗辯的比例要求。但是我們拒絕認為它要求探險者去遷就公訴意見，用沒有甚麼實際效果的東西來充飢，或者在殺人確乎必要之前忍受痛苦煎熬。即使是自我防衛案件中的比例要求也會在有疑問時對那些處於險境當中的人作有利的考慮，而拒絕用冷靜的、營養充足的、受到很好保護的和可以慢條斯理來思考的人的標準去判斷合理性。那些人享受着文明的安寧，並且總用事後的智慧之見來判斷事件當時發生的情況。

4.　身處危境不是被困者之過錯

還有，公訴意見聲稱，那些由於自己的選擇或者疏忽造成危險的人不能運用緊急避險抗辯。否則我們就不得不寬恕這樣一個食人肉的野蠻人：他故意把自己和一個倒霉的俘虜鎖在一個為世人所不知的地下室裏，等到他們飢腸轆轆的時候，就把他的同伴殺來吃掉。探險者們明白探險是一項非常危險的運動，他們帶了一架無線電設備，並告訴他們協會的秘書他們計劃在何時何地從洞裏出來，從而能使救援行動在他們受困之後立即展開。他們清醒地假定了探險會遭遇危險。事實上，面對危險就是這項運動所帶來的刺激的一部分。當他們冒險失敗後，他們能夠用自己的不幸來逃避罪責嗎？

我要回答的是，他們並沒有選擇要被山崩埋在地下，他們也不是由於自己的疏忽而被埋到裏邊的。他們的確是自由地選擇從事一項危險的運動，但這並不意味着最終境況的緊急避險可以追溯到他們的選擇或者疏忽。如果不這麼想的話，我們也同樣會拒絕另外一些人的緊急避險抗辯：他們為了逃出一座起火的房子，損壞了私人的財產，比如說房東的窗戶。而我們之所以要拒絕就是因為，他們明曉得住在木屋裏的“風險”。這種論點的荒謬性表明，我們可以承受許多風險，但在我們所冒的風險真正降臨時，我們也並不喪失緊急避險抗辯。

但是這些人的風險遠遠脫離生活和出行的日常風險，我們難道不應該否決他們的緊急避險抗辯嗎？如果探險者們在有預見的情形下走進一個隨時面臨山崩的山洞，或者說，從山崩中逃生的顫慄是他們作為運動員的一項樂趣，那公訴意見的這一論點可以變得更有力一些。但是沒有任何證據支持這種揣測。

5. 食物匱乏非疏忽大意造成

公訴方可以改變反駁意見：這些人本來可以帶着額外的給養。那並不是說他們對於被山崩所埋有甚麼疏忽大意，但是的確意味着他們對殺死並吃掉一個人這種困境確實有過失。他們是疏忽大意的，但不是因為他們從事一項危險的運動，而是因為從事這項運動時沒有帶夠給養。

這種觀點一眼看上去是頗有吸引力的，但是其脆弱性也迅速地顯露出來。這些人如何可能帶這麼多給養？山崩的程度或者救援的困難可能挫敗了他們的意圖。不管他們如何小心，因此也不管他們如何沒有疏忽大意，我們依然可以想像，殺死一個同伴來吃的緊急避險仍可能出現。

這些人是不是攜帶了合理數量的額外食物，去面對他們可以自由預見的危險呢？我認為他們的確這樣做了。他們帶的食物讓六個人在山崩之後存活了二十三天，而且還要加上山崩之前的不知道有多長的時間。我們不知道他們計劃依靠那些食物生存多少天，但是他們依靠那些食物比計劃的時間長了二十三天。背着食物進洞的探險者們知道二十三天的時間的價值是無法估量的。在他們的最初計劃不為人們所知的情況下，我們必須認為，他們的給養足夠讓他們免於疏忽大意的指控。

這裏我必須停頓下來考察一下伯納姆法官的意見中一個誘人上當的傾向。探險者們如何可能攜帶超出計劃需求的六個月的給養？僅僅是為了防備一場山崩嗎？伯納姆會據此爭辯說，他們"預見"了山崩的"危險"。他正是根據探險者們的其他預防措施來指責他們。他指出，探險者們攜帶了一部無線電設備，並且向協會秘書作了安排，以便在未按確定日期返回時組織營救。這些事實都意味着他們預先假定可能遇到山崩。

可是伯納姆不能兩邊便宜都佔。如果探險者們並未帶一部無線電，或者沒有安頓協會秘書營救他們，他將會第一個指責他們疏忽大意，並且也會首先以之為理由否決探險者們的緊急避險抗辯。但是如果說那些有所防範的人是接受了風險，而那些沒有防範的人是疏忽大意，那麼就沒有人有資格運用緊急避險抗辯了。簡言之，這就是伯納姆的意見，即任何人都沒有資格運用緊急避險抗辯。制定法的一般含義排除了緊急避險抗辯，我們那些考慮問題很簡單的立法者從未想過這點；因此緊急避險抗辯是不存在的。這一激進立場支撐了他的恫嚇，即，法治岌岌可危。但是，他的觀點更大程度上僅僅是方便可用的，而不是有說服力的，因為他很清楚，自從他所引用的斯特莫爾案之後，我們聯邦的判例法承認了緊急避險抗辯。此外，在我們的關於謀殺的制定法被通過之時，各個法律領域當中支持緊急避險抗辯的案例也經常出現，使用的標準接近於伯納姆的內心標準。

6. 受害人的同意無關緊要

即使探險者們的確是基於一種真確的緊急避險而殺人，仍然會有反對意見認為，選擇威特莫爾的方法不夠公正。威特莫爾同意擲骰子，但是接着又撤回了同意。他默認了擲骰子的公正性，但並沒有默認選擇一個人殺掉的公正性。所以反對意見最後認為，威特莫爾就像大街上的謀殺的受害者一樣，是被強制的。

伯納姆法官大概也會這樣爭辯。但是如果一種隨機的抓鬮是選擇受害人的公平方法（假設需要選擇一個受害者），那麼受害人的同意是無關緊要的。這一事實吹散了模糊我同事視域的巨大疑雲。他們擔心探險者對於契約的同意是否賦予了該契約以法律效力，擔心威特莫爾在擲骰子之前撤回同意可能會使得那一契約歸於無效。他們不能肯定，威特莫爾同意別人替他擲骰子的公正性能否重新賦予這一契約以效力，並同意如果輸了就被殺掉。

所有這些討論其實都是不切題的，因為在法律上，被害人的同意在紐卡斯國並不能作為一項謀殺罪的抗辯。**在關於謀殺的制定法中，殺人者的心理狀態是決定性的，被害人的心理狀態則是無關緊要的。**因此，即使所有成員都同意並該同意一直得到堅持，這一契約也決不能使得謀殺成為正當行為。撤回同意與最初的同意一樣都是無關宏旨的。被告人是否由於緊急避險而採取行動，以及他在特定情境中的確信是否合理，才是真正的問題。這些問題在庭審中陪審團作了考慮，並且我們有必要對陪審團的看法給予尊重。作為一個上訴法院，我們審查的是法律問題，對於重新調查事實則訓練不足。但是，我們必須讓陪審團的判決符合刑事案件中的證明標準。被告人必須得到排除合理懷疑的證明才能被定罪，否則就要被宣告無罪。在本案中，緊急避險抗辯的基礎是非常牢靠的。因此我們必須在這點上推翻陪審團的意見。即使緊急避險抗辯的理由不夠強大，我們也必須斷言，反對它的理由也不夠充分，因為它必須排除合理懷疑地支持有罪判決。

這一結論很輕易就解答了伯納姆法官那一機巧而又狡猾的例子，在那個例子中，那個富有的謀殺者有殺人的意圖卻沒有惡意。伯納姆說，在假想的殺人和當下的實際殺人之間沒有在法律上相關的區別。但這顯然是錯誤的，因為精神病患者毫無疑問不是由於緊急避險而殺人的，但探險者們則千真萬確是基於緊急避險而殺人的。

簡言之，**被告人是由於緊急避險而行動的，他對自身行為的緊急避險確信是合情合理的。**緊急避險使得關於謀殺的制定法的"故意"一詞所表達出來的犯罪意圖要求歸於無效。因此，這名被告人並非故意殺人。也因此，他並沒有觸犯據以給他定罪的法律。故而，有罪判決一定要被推翻。

懲罰被告有悖法律的目的

但是假設前面所有這些論證都是錯誤的。假定緊急避險抗辯在紐卡斯國根本沒有得到承認，儘管存在斯特莫爾案和古代對自我防衛的認可。或者假定解釋"故意"的判例法突然可以重新查到了，並且要求判決探險者的行為確實是出於故意。

我們從費勒案中知道，一部制定法的字面含義可以被根據立法意圖推翻，至少當後者清晰可辨的時候是如此。在費勒案中，制定法文本的印刷錯誤並沒有阻止該法院不管其荒謬的字面含義，根據其所欲指的含義來理解法律。

正如伯納姆法官所指出的，關於謀殺的制定法的目的並沒有像費勒案中印刷錯誤的制定法那樣清楚明瞭。根據帕里案，關於謀殺的制定法的目的是阻止未來的謀殺犯罪。根據梅克歐沃爾案，關於謀殺的制定法的目的是，為對那些沒有學會控制自己行為的公民實施強制性改造提供正當依據。根據斯坎普案，關於謀殺的制定法的目的在於為人類天然的報復要求提供一種有秩序的發洩途徑。

伯納姆法官根據這些理論的多樣性中推論道，我們決不能探尋關於謀殺的制定法的立法意圖。但是他應該反過來看一看這些意圖的內容。因為我們支持哪一種並不重要；任何一種意圖都沒有為懲罰本案被告人提供正當理由。懲罰他並不會阻止別人在將來也不幸陷入相同的困境當中。只要承認他們的行為是出於緊急避險，我們就會承認此點。懲罰他不會，並且（如果我們誠實地從緊急避險抗辯中吸取教益）也不應該對任何處於相似的境況當中的人產生威懾。出於同樣的理由，無需對被告人採取改造措施，因為他並沒有表露出某種邪惡人格，需要為了公共和他自己的安全對其進行糾正。相反，在一種大多數人可能會因為意志薄弱而崩潰的情境裏，他和他的同伴們的行為有一種頗值得鑒戒的節制和合理性。甚至伯納姆也承認，如果擁有同樣的勇氣，並且處於相同的境地，大多數善良的人都會這樣做。最後，儘管在大多數殺人案件中都有一種天然的報復需求，但是眾所周知本案並沒有這樣一種需求。承認這一事實並不是要讓民意代替法律。而是要表明，雖然刑法的初始意圖在於滿足人類根深蒂固的和源於本能的復仇要求,或者當這種需求沒有被滿足時阻止可能發生的自我救濟,但是這一意圖並不適用於本案。

簡言之,不管我們如何理解這部制定法的目標,這一目標並不能通過懲罰被告來實現。因此,即使根據那一法律他是有罪的(其實沒有),該法也應該被擱置起來,因為在這裏適用它並不會實現它的任何目標。**懲罰這名被告人將是取抽象的形式而捨實質的正義。**

刑罰適用的問題

這些理由已經非常充分,足以宣告被告無罪,並且這些理由是相互獨立的,如果其中一個被否決,別的理由仍然可以成立。為了增加辯護的分量尋求提供額外的、但是比較軟弱的論點,會把我們的注意力從這些理由的力量和充分性轉移到別處。

所以我不會訴諸福斯特法官的主張,即,因為探險者們生存在一種自然狀態之中,紐卡斯國的法律並不適用於他們身上。福斯特提出了兩項直接有關自然狀態的主張,其中包含了真理的成分,然而我的同事們未加以認真考慮就予以拒絕。

正如福斯特的提醒,**法律存在的理由停止時,法律也隨之停**

止。這是制定成文法的原則，同樣也是司法的原則。它並不是像唐丁所認為的，或者也不像福斯特令人遺憾地暗示的，是對自然法的神秘莫測的或者迷信的追求。但是，我要說的是，福斯特的自然狀態觀點如果得到恰當表達的話，可以簡化為我已經說過的那一觀點，即懲罰探險者並不服務於關於謀殺的制定法的任何一個目標。

同樣，福斯特辯稱，探險者們一旦被困，就生存於一種自然狀態當中，因此超越於我們的法律權威之外，即便所困之地處於我們的領土範圍內也是如此。用這種方法表述具有真理要點的觀點真是非常不幸。之所以不幸是因為它認為，法院的管轄權就像從法庭溢出去的氣體，遵循物理法則，在巨大岩石的阻擋面前停止下來，而不是由於我們人類的契約和同意而停止下來。福斯特複述了那一為人們所熟知的事實，即紐卡斯國是由大螺旋之後第一期大毀滅中的倖存者訂立契約所組建的，他這樣說時其實已經提到了自己主張中的真理要點。正如洛克在千禧年之前所說的，當一個人威脅到他人的生命的時候，一種局部和暫時的戰爭狀態可能會在法律狀態中出現；而當那一社會契約的目的被局部懸置起來的時候，暫時性的自然狀態也可能會在法律狀態中出現。

福斯特的論點並未否認，在山崩之前、之中以及之後，都存在一種法律狀態。正確的理解是，它並沒有宣稱岩石的厚度或者營救工作的艱難把探險者們置於法律之外。相反，它提醒我們的是，我們的法律建立在為了特定目的而加入的契約的基礎之上。當這些目的因為悲劇性的意外情況而不可能實現之時，服從契約的義務也不存在了，正如假如你的房子被燒燬了，那麼我粉刷你的房子的合同承諾也就終止了。我們在斯特莫爾案中承認了此點，在那一案件中，由於一場沒有預見到的政治示威，被告人無法將他的汽車從停放處開出來。根據社會契約而承擔的相互義務由於超出他控制之外的事件而被懸置了，這導致了他在停車處不能呆超過兩小時的義務被免除了。

簡言之，福斯特觀點中的真理要點可以歸結為緊急避險抗辯。他釀成了從唐丁法官那裏繼承的誤解和荒唐。但是我的同事必須承認，如果拒絕接受福斯特的意見，聲稱我們負有超越我們的情境和契約的義務，那麼他們就會削弱我們在斯特莫爾案中所承認的緊急避險抗辯，會削弱古代對自我防衛的確認，並降低政府在契約中的正當性。

最後，讓我們假定以上的所有討論都是錯誤的。被告人犯了被指控的罪行。但是，在紐卡斯國的法律中仍然存在饒恕其性命的很好理由。如果被告被指控的罪名成立，那麼這是由於他那一行為被認為無關緊急避險。但是，任何拒絕減輕情節的制定法都明顯是對被告人基本公平權利的侵害，或者是對我們從前所謂的法律的正當程序的違反。制定法規定了強制死刑的時候尤其如此，本案就是這樣。由於代價如此之高，我們就必須公正地考慮辯方所可能提供的任何減輕情節。類似地，如果法律只允許一種懲罰，法官們便不能靈活地採用與罪行相適應的刑罰。毫無疑問，立法機關就是想否定法官的這種靈活性。然而，同樣確定無疑的是，如果司法機關不遠離政治過程，立法機關就會被激情和政治誘惑所牽制，越出憲法和基本公正原則的界限。

即使我們先前的觀點是無效的，我們也必須讓關於謀殺的制定法之中規定那一部分歸於無效，它規定死刑是所有謀殺犯的唯一刑罰，而不考慮他們之間在心理狀態和行為情狀上的根本差異。**即使該被告人是有罪的，他也罪不至死。**在宣佈關於謀殺的制定法的一部分無效之後，我們還需要將本案發回初審法院予以裁判。

我贊成推翻這一判決。

8 一命換多命
—— 塔利法官陳詞

> *我們如此珍視生命，以至於我們總傾向於更多的人*
> *而不是更少的人在悲劇性事故中存活下來。*

法律允許預防性殺人

我們都承認，在紐卡斯國自我防衛殺人不是謀殺，它完全是正義的。跟我的大多數同事一樣，我也不認為這是一件自我防衛的案子，然而與他們不同的是，我通過深思如果故意殺人者屬於自我防衛就赦免他們這一古老的規則，得到了處理本案的啟示。這種深層思考進一步支持了斯普林漢姆法官經過詳細討論得出的結論，即，由於探險者們的殺人行為出於緊急避險，因此它不是謀殺。我之所以要撰寫獨立的意見，主要是因為我覺得他誤解了緊急避險抗辯的本質。

我們赦免那些自我防衛殺人者意味着，殺人行為本身並不是我們通過關於謀殺的法律力圖懲罰的惡事。而且，因為自我防衛殺人也有可能是有目的的，所以甚至連有意識地殺人本身也不是我們力圖懲罰的惡事。

當一名被告聲稱他是自我防衛殺人時，我們要審查其主張，以查明其是否有機會以盡可能少的暴力來保護自己的生命。在某些情形下，我們要詢問，他當時是否可以退避或者逃走，從而避免衝突。但是如果我們發現退避是不可能、不安全或者不起作用的，唯有通過致命的暴力才能保護自己，而且被告在引發致命性自我防衛的紛爭中不是故意，那麼我們就赦免他。發現了這些要素之後，我們並不詢問被告是不是由於自身的疏忽，或者某種愚蠢的或多數公民都退避三舍的體育運動危險而身陷困境。假如我們知道、但他不知道並且沒有理由知道他在幾分鐘內可得到警察的救援，我們也不能期待他等候警察的救援。我們不問其是否可以通過討價還價或者拖延得到受害者的同意，或者也不譴責他未經受害人同意就實施殺人行為。

接受了自我防衛，我們就接受了殺 A 以阻止殺 B，這或可稱為預防性殺人。現在此處有一難題是：為甚麼我們一直容許預防性殺人？

在自我防衛案件中容許預防性殺人的一個理由就是，我們認為在那些不幸的場合某人不得不死，而侵犯他人者的死亡比受侵犯的無辜受害人的死亡要好一些。這就是為甚麼本案並不是一個自我防衛案件的原因所在。威特莫爾並沒有侵犯他人，其生命價值不低於他的夥伴。他和他的探險夥伴一樣清白無辜，並且，有意殺害無辜者的行為不能以自我防衛來證明其正當性。這些人確實是被迫採取了激烈的手段以求得生存，但這不是威特莫爾的過錯。基於同樣的理由，我們不會接受這樣一個人的自我防衛辯解：他被判犯有謀殺罪，由於即將被執行死刑，便設法殺害了看守人員和死刑執行人員。在這種情形下，讓他去死比讓那些受害的人去死要更合理一些。

…一命換多命是一項划算的"交易"…

我認為接受預防性殺人的另一個理由在於我們珍視生命。具體而言，**我們如此珍視生命，以至於我們總傾向於更多的人而不是更少的人在悲劇性事故中存活下來。**我的同事們顯然都羞於出口，我推測他們都相信為了挽救五個人殺一個人是一項划算的"交易"。必須以殺人為必要手段是很恐怖的。但非常明顯的是，一個將死的人使得五個人存活下來，好過六個人都可能死去。只有最極端的宗教狂熱分子才會不同意這樣的觀點。

我猜想我的某些同事在原則上同意此處的論斷，但我發現他們在直覺上迴避把它運用到本案當中。讓我們假定殺一個人是為了避免一百萬人的死亡。情況會有一個非常顯著的改變，至少對大多數人的直覺來說是如此。面對這些數目，我們將毫不遲疑地讓志願者們為了救一百萬人而犧牲自己。但是進一步，讓我們假定沒有人願意做志願者，因而不得不訴諸於一場公平的抽籤。如果能接受在一百萬比一這樣的比例下，讓人們別無選擇的時候正當地殺掉一個非志願者，那麼為甚麼不接受五比一的比例呢？其中的原則是一樣的。我們真的要對這一比例吹毛求疵嗎？如果五比一是一個太低的比例，一項太不划算的交易，那甚麼樣的比例才是足夠的呢？這種詭辯貶抑了法院的地位，在實踐中是不可行的，在裁判本案時也是無益的。更大利益的原則意味着，確切的比例是無關宏旨的，它所要確保的是，與失去的人相比，有更多的人能夠有所獲。

根據這一觀點，紐卡斯國為了阻止謀殺犯再次殺人而對他們判處死刑是正當的。那就是說，當從技術意義上看殺人是一項划算的交易時，紐卡斯國殺掉謀殺犯是正當的。與此類似，只要認為殺掉大量敵軍士兵可以保護更多人民免於死亡是正當的，那麼紐卡斯國進行戰爭擊退入侵者就是正義的。我不知道紐卡斯是否真的以此原則為名義去處決殺人犯和進行戰爭——並且我同意伯納姆法官的看法，過多思考法律的真正目的是不明智的。我這樣做這只是為了說明，這一原則遠遠不是冷漠無情和格格不入的，它能說明某些我們最為熟悉和莊嚴的道德準則是正當的。

十個工人在救援過程中因為令人遺憾的事故而犧牲了。那時沒有人想到過，現在也沒有人認為，以十個工人的生命代價挽回六個探險者的生命會是一場划算的交易。這些工人並不是作為更高利益的代價而被有意犧牲掉的。

簡言之，自我防衛的先例，以及我們最熟悉的罰金制度和戰爭都表明，紐卡斯國允許預防性殺人。因此，我堅持本案被告不應當負謀殺罪名。根據就在於，他和同伴有目的地殺人完全是預防性的。如果不如此的話，六個人早已全部死亡。這等於是說殺人是必需的，或者說它是一項交易，或者說一個理性的人在這種情形下都將會做出跟這些探險者一樣的行為。這很容易將其與死亡工人的情形區分開來，後者由於缺乏緊急避險而不是一場交易。至少沒有證據表明，如果十個工人不死，那麼十六個人（工人加探險者）都會死。因此，如果工人們被有目的地殺害，那我們就要搜尋故意殺人者並對之進行控訴。

選擇殺人好過等待自然死亡

伯納姆法官提出了一個斯普林漢姆法官沒有充分回答的論點。即使假定探險者不吃同伴就會死，食人肉的殘忍行為對他們而言是生存所必需的。但是殺人卻不是必需的。他們本來還可以吃掉他們之中第一個自然死亡的人。如果等待某人第一個死亡可能會避免其他人的死亡，為甚麼不那樣做，而寧願選擇殺人？殺人真的是必需的嗎？

讓我直截了當地回答這一異議。**不，他們不需要而且也不應該等到他們中的第一個人自然死亡。**探險者們要麼基本上同樣健康、結實和精力充沛，要麼都不是。如果他們是那樣的話，那麼到第一個人死於飢餓之時，其他人也會到達死亡的邊緣，從而也就不能利用這給他們帶來好運的死亡了。如果他們基本上並不擁有同等精力，那麼等待第一個自然死亡就等於是，他們把目標鎖定在了成員中最虛弱的、最多病的、皮外傷最嚴重的或者山體滑坡中受傷最重的人身上了。與公平的抽籤相比，這根本沒有甚麼改善。

請想像一下在對抽籤數學問題進行的長時間討論中提出的問題吧。實際上，抽籤中的數學問題都是有關公平的問題。他們的討論圍繞的肯定是在沒有人自願獻身的情況下，如何公平地找出一個可以殺死並食用的人。

他們中的每一個人難道不會對殺死並食用同伴感到害怕嗎？因此，在確定那種辦法之前，他們難道不會尋找所有的替代方式嗎？也因此，他們難道不會考慮等待第一個人自然死亡嗎？為甚麼他們會放棄這種可能性？我能聽到他們中最虛弱的人發出的懇求："這只是你們選擇我的方式！你們知道我會最先死！這是不公平的！如果説我們每個人都有相同的生存和進食的權利，那我們每個人都必須承擔被選中餵食他人的同等風險。"對於具有公平感的人來説，這一推理是無可置辯的。事實上，我們必須稱讚這些探險者，因為他們承認了此點。

我甚至可以想像，威特莫爾之所以最先提出抽籤，正是由於他發現自己是羣體中最虛弱者，如果他們不採用抽籤的方法在他們之間公平地分散風險的話，他自己是最可能首先死亡的。然而，這樣的猜想沒有任何證據支持，並且對審判來説沒有甚麼意義。

我的同事們，諸如伯納姆法官，相信等待第一個人自然死亡比積極的殺人行為更為可取。他們的分析到此就嘎然而止。他們認為這種行為方式會使得殺人成為不必要，這是沒錯的，但他們錯在認為它優於抽籤。等待第一個人自然死亡將會使目標鎖定於羣體中最為虛弱的成員，而不付出任何的努力來在他們之間平均分配犧牲的風險。那比本案更像是兇殘的"街頭謀殺"，本案中探險者們儘管絕望但仍顯示出克制與冷靜。最為重要的是，那會回歸到不存在法律時的強者支配弱者的規則，我們的先輩們在訂立建立我們聯邦的第二個契約之時已經在這片領土上廢止了這種規則。

斯普林漢姆法官已經作了餘下的討論。選擇犧牲者的方法是公平的。因為它是隨機的，而不是因為它經過各方同意。**由於威特莫爾是通過公平的抽籤被選中的，所以他是被公平選擇的。**

平等地承擔死亡是公平的

既然我們已經表明，公平的抽籤使得把同意作為選擇犧牲者的方式是不必要的，那麼我們可以來看一看那些以威特莫爾沒有同意為由而宣告探險者有罪的人們的其他擔憂。

我已經指出，即使自我防衛者沒有得到侵犯者同意，自我防衛殺人也是無罪的。更進一步，我們不需要認為侵犯者因為自己的侵害而承擔了死亡的風險，以間接的方式同意了自己的死亡。即使我們無論如何都推斷不出侵犯者已經同意，自我防衛殺人也是正當的。**自我防衛案件中殺人的正當理由是自我防衛本身，而不是同意。**更進一步，正如斯普林漢姆法官正確地指出的一樣，同意無論如何也不能成為謀殺的抗辯。

但我的一些同事仍然希望重視威特莫爾撤回同意加入抽籤這一事實。如果我們同意斯普林漢姆的看法，假如被告人的行為是犯罪的話，威特莫爾同意加入抽籤的決定並不會使犯罪有所減輕，那麼，我們也必須接受相反的命題，即如果被告的行為確係犯罪，威特莫爾撤回同意並不會加重他的罪行。

有一種觀點認為威特莫爾有無同意對本案確有影響，現在我們把剛才那一問題暫且放在一邊，來看看這種觀點。這種觀點認為，如果威特莫爾無論基於甚麼理由不願意加入抽籤，他都不應當被算到裏邊。他應被允許在某個角落袖手旁觀，這使他同時擺脫了被殺掉的風險和殺別人的義務，條件就是他不能分享被選中的受害者的血肉。如果那是他所願，為甚麼不排除他繼續進行抽籤，任由他冒餓死的危險呢？

可以直截了當地回答這一問題。如果威特莫爾退出抽籤，且假設他撤回同意得到尊重，那麼剩下的人每個人都會注意到或者應該注意到，自己被選中遇害的可能性從六分之一上升到了五分之一。這種結論唯一可能的趨勢就是增加另一個成員退出契約的可能。如果第二個探險者撤回了，那麼在抽籤中失敗的可能性會再次增長到四分之一，從而使得進一步的放棄更為可能。到最後，抽籤的計劃就會被拋棄，除了等到餓死或救援就別無他計了。

這證明了甚麼呢？這表明威特莫爾撤回同意不是他退出抽籤的正當的理由。他的退出將會增加他人退出的壓力，並因此增加破壞整個抽籤計劃的可能性。但那樣所增加的，是將目標鎖定在成員中最弱的人身上的機會，而不是增加平均分配風險的可能性。簡單說，如果公正要求平均分配風險，就需要他們對威特莫爾撤回同意置之不理。或者換言之，即使在威特莫爾撤回同意之後，探險者們把他納入抽籤也是正當的，因為選擇抽籤而不是等待最弱的夥伴死亡是正當的。

緊急避險同樣適用

我的同事們喜歡重複那一明顯而無需爭論的事實，即，在洞穴中的六個人全部都是無辜的，換個說法，即他們享有平等的生存權利。他們這樣說是為了將本案中的殺人與自我防衛殺人區別開來。但是，即使這不是一個自我防衛的案子，為了弄明白本案的問題，深入地思考自我防衛也是有益的。在真實的自我防衛中，存在一個侵犯者和一個奮力保全生命的無辜者。侵犯者的侵犯意味着有一人必須死。我們取捨的政策根據在於，侵犯者的死或較為有益，或是兩害之中的輕者。簡單來說，兩者並不享有同等的生存權利。如果我們堅持認為在法律看來所有生命都是平等的，在理論上決定誰有更大的生存權是困難的。如果我們把目光轉移到本案的事實，就會看到，儘管承認本案中所有探險者擁有平等的價值和權利，自我防衛案件中那種理論上的困難並不會產生。假如這些探險者中的兩個人被困為生存而鬥爭，誰也不能被叫做侵犯者，那我們就沒有理由偏向於其中一個。但我們面臨的不是那種困難的情形。相反，我們面對着容易得多的情形，在其中為了挽救五人的生命一條無辜的生命被犧牲。五這個數目沒甚麼特別之處，它可以是任何大於一的數目。因為每一個生命都是平等的，判斷公共政策的偏好所向並不困難。**法律沒有理由偏向一個無辜的人而放棄另一個同樣無辜的人，但如情境所需，卻有非常充分的理由選擇五個無辜的人而犧牲掉一個人。**這並不難理解；我們所需要的僅僅是計算能力。

我已經論證了被告人的殺人行為是必要的，在這種程度上我贊成斯普林漢姆法官的分析，然而我不能接受斯普林漢姆法官對於緊急避險原則的論述。他主張緊急避險否決了犯罪意圖。但這就使得本來應該是一種正當理由的緊急避險成為一種免責事由。免責事由說明，即使被告人的行為是有害的並且正是為立法所禁止的某種行為，被告人也是無可指責的，或者是沒有犯罪意圖的，從而要免除其罪責。而正當理由說明的卻是，即使被告人自由和有意識地決定實施行為，被告的行為也要麼為善，要麼是較小的惡，從而要免除其罪責。

如果否認犯罪意圖之存在正是緊急避險抗辯的功能，那麼當探險者們對實施殺人的應急手段之緊急避險有善意確信時，他們就會成功獲得辯護，也就無需證明在當時的情境下他們的確信是合理的，因為善意的確信已經足以證明表明某人缺少犯罪意圖或故意。顯而易見，這些人都有這樣的善意確信。但按照伯納姆和斯普林漢姆所説，僅僅真誠確信所為是緊急避險並不足以赦免某個人的謀殺罪名，否則我們就會任由一個其善意確信超越了合理限度的狂想者擺佈。這意味着，緊急避險不是否認犯罪意圖之存在的免責事由。

緊急避險是一種正當理由，而非免責事由。如果我們討論的是一個正當理由，我們會問該行為是否是一個較小的惡。探險者面對的較小的惡是殺人嗎？設問是為了回答。我們知道，這種殺人正是較小的惡，正如我們同樣明白，一個人的死好過六個人的死。

將緊急避險看作正當理由，而不是免責事由，就是要承認探險者有過，或最好曾經有過謀殺罪的犯罪意圖。這就立刻解放了我們，使我們不用坐在法官席上吹毛求疵。我們可以承認，至少根據這種觀點，探險者們的殺人是故意的。而殺人行為之所以是正當的，不是因為它缺乏故意，而是因為，即使他們的那種選擇是有目的、深思熟慮的或者故意的，公共政策也支持人們選擇較小的惡而不是較大的惡。緊急避險抗辯是一種一般性的抗辯，不需要一項具體的刑法規定它具有效力和影響。因此，儘管關於謀殺的法律規定有無故意是判定是否有罪的標準，但合理的緊急避險抗辯可以讓那些即使具有故意的被告被判無罪。

…本案緊急避險比行政赦免更適用…

特魯派尼和伯納姆法官認為，行政赦免是緩和法律嚴苛性的優良之選。那確實是一種方法，但緊急避險抗辯是另一種更為優越的方法。它優越於行政赦免有三個理由：第一，緊急避險抗辯在法官和法院可控的範圍之內，行政赦免卻非如此。所以，如果我們發現它是可行的，我們無需借助官僚機構，或者乞求政府中的另一機構來運用它。第二，緊急避險抗辯不僅是仁慈的還是公正的。很多公民認為即使探險者違反了字面上的法律，也不應當受到懲罰，這些公民要的並不是寬恕，他們要的是正義。第三，緊急避險抗辯是法律，人民和各黨派都期待我們遵守它；被告人有可能根據它被宣告無罪；它具有公共的、可供裁決的標準；它在公開的法庭上被爭論，並根據是非曲直來作出裁斷。行政赦免卻不是這些；它可以隨意地賦予或任意地撤回；它的標準受行政部門的支配；它是一種寬容，是超越於應得的懲罰之外的禮物；它不是應得的。如果行政部門赦免被告或減輕刑罰，那它就把一個活着的被告從可以預見的不公正中救了出來；但我們不能首先消除判決其有罪的法律規則的不公正。因為他的行為是必要的，或因為他的行為有正當法律理由，從而赦免他，才是真正清楚地、負責任地緩解了法律的嚴苛性；因為法律過於嚴厲而寬恕他，這無異於無根無據的憐憫。

基於上述理由，我贊成推翻初審法院的判決，宣告被告人無罪。

9 動機與選擇
—— 海倫法官陳詞

> 被困的探險者必須面臨死亡：要麼餓死，要麼被處死。
> 但是如果這就是僅有的選擇的話，那麼探險者們為了
> 避免餓死去殺掉一個人，然後碰運氣用一種新的辯解去
> 尋求免受死刑，就是合情合理的，甚或也是必需的。

婦女強姦案的警示

當一個強姦犯把刀架在一個婦女的脖子上説 "順從還是死亡" 時，他給了她一個選擇。如果她順從了，她就做了選擇。這個強姦犯可以因此宣稱得到了她的同意嗎？我想任何人都不會這樣抽象地考慮同意和選擇。我們的法律當然也不會。如果説選擇順從而不是選擇死亡隱含了同意，那就不存在強姦了，因為任何受到強迫性行為的婦女都已經同意了。如果我們的法律採取了這種觀點，那麼婦女就是不可被強姦的 —— 這個詞在數世紀之前曾被用來假定妻子或者妓女都理所當然是同意的。

但是根據我們的法律，一個選擇順從而不是選擇死亡或者傷害的婦女並沒有同意性行為；或者，正如法院經常表述的那

樣，**任何被死亡或者傷害所脅迫的同意，都是無效的。**我提醒大家注意這一為人們所熟知的事實，我的同事們似乎把它給忘掉了；至少他們拒絕從這一事實中吸取教益。本案中的緊急避險、選擇、意圖和故意的問題顯示，他們有意對典型的侵害婦女罪視而不見。

如果一個女人在只能選擇順從與死亡或者傷害的情況下選擇了順從，那她是被強迫、威脅和壓制而順從的：她面臨着"緊急避險"。緊急避險解釋了為甚麼她的順服並不導致同意；基於相同的原因，它也解釋了為甚麼探險者們的殺人決定並不是故意的。她有可能在恐懼和迷亂中，也可能在頭腦清醒冷靜的狀態中基於緊急避險採取行動；不管是哪種情況，她都沒有同意。她並沒有因此而喪失控訴資格，因為她可以明確而清醒地求生而不是求死。與之相似，無論是頭腦清醒的還是神志迷亂的人，有意圖的還是因為衝動而行為的人，都可以運用緊急避險抗辯。

強姦行為表明，人們可以有意識做某種行為（順服強姦者），但同時又違背自己的意願（沒有故意）。這在強姦的情形下非常明顯；而一旦仔細觀察，到處都可以發現這種區別，例如，劫匪命令說，"要錢還是要命"，他也給了受害者一種選擇。那些選擇交錢而不是死亡的人也並沒有因此是在進行贈與。如果他們是在贈與的話，那麼亦不會有搶劫罪的存在，因為人們都是不可被搶劫的。

⋯被告殺人是唯一的求生選擇⋯

相似地，自我防衛殺人並不總是出於本能或者衝動，緊急而輕率，它通常之所以有這種特徵，是因為可能的殺人者沒有給可能的受害者考慮的時間。但是法院也經常判決另一些自我防衛者無罪：他們有時間考慮，並且有意地、明確而自願地殺死侵害者來保全自己的性命。這些殺人行為同樣被視為自我防衛。**因此，即使是一個殺人行為，也有可能既是有意的，同時又不是故意的。**

勒索從另外一個角度證明了這一點。亞里士多德舉例説，一個暴君威脅一個好人去幹一件惡事，如果他不從的話就殺掉他的父親。聽到這種困境已經足以讓我們感受到那個人的痛苦和憤怒。這種痛苦和憤怒，或者強姦受害者的痛苦和憤怒是從何而來的呢？那是因為人們是清醒的，因為人們被迫違背意願去有意識地做一件事情。

探險者們的境況同樣如此，他們在明知的情況下有意識地殺了人，但是那並不意味着他們故意殺了人。相反，顯而易見，他們是在沒有故意的情況下殺了人。如果還有別的方法可以讓他們存活下來，他們就不會那樣去做了。在決定為了求生必須殺人時，他們對緊急避險有着清醒認識，並且討論了一次公正抓鬮所涉及的數學問題。沒有必要因為他們對這種複雜情形進行了考慮，並有意而明知地實施了行為就去懲罰他們。與認為一個神志清醒的婦女必須是不可被強姦的，或者認為一個頭腦清醒的過路人是不可被搶劫的相比，懲罰探險者有過之而無不及。清醒的審慎考慮說明了他們有意圖，但沒有說明他們有故意。讓我們承認，求生而非受死的傾向可能是明白可知而非本能的，為了逃避死亡而採取的行動可以是有意識的而不是一時衝動所為。並且，讓我們承認，即便是一種清楚的行為意圖，也可能是被有限的選擇所引導的，可能是受死亡的可能性所強迫的，也可能是與人們的意願相違背的。否認這點，就是忘卻強姦、搶劫、勒索帶給人們的教訓。那些罪行的本質特點都是要一個無法自主的受害人做出選擇，但這種選擇不能因此被認為是故意的。

基於緊急避險的殺人是正當的

認為本案並非一個自我防衛案件的同事們，並沒有注意到自我防衛法律的新近發展，這或許是因為婦女在這一發展中居於核心的位置。所謂"受虐待婦女的防衛"是自我防衛理論的最近變體。這種變體摒棄了那項行之久遠的要求,即自我防衛者面臨的必須是 "即刻" 的死亡或者嚴重人身傷害。現在,如果被告人能夠説明侵害人有濫用暴力的歷史,而這種暴力史説明其在將來極有可能使用暴力威脅他人生命,一種先發制人的殺人行為原則上也可以構成自我防衛。

事實上,這種變體是非常新近才出現的,探險者案 I 的被告人們還不能援引它。但是這並不能讓我們無視它對於本案被告人,或者事實上也是對於以前的四個被告人的意義。

我的意思並不是説,探險者們的行為是先發制人的自我防衛殺人,或者他們的殺人行為屬於受虐婦女的抗辯情形。我要説的是,**假如我們可以對受虐的婦女免除即刻性要求,那我們也可以免除探險者們的即刻性要求**,我們從而也就不會模棱兩可,不知道他們在面臨殺人緊急避險之前是否已經等到最後一刻了 —— 好像我們知道哪一刻是最後一刻似的。 我還要説,法律的那一創造性和飛躍性發展並不僅僅限於古代,當時在制定法之外開闢了自我防衛的例外。斯普林漢姆説得對,如果我們認為自我防衛是殺人的正當理由,那我們也應當接受與之相似的自我保存抗辯。這或許是我們明確接受的東西的一種革新,但它是從後者之中直接演化過來的。一言以蔽之,如果認為受虐的婦女的抗辯是殺人的正當理由,那麼我們距離承認那種一般

性抗辯 —— 即使在威脅並不是即刻發生時也保護受到威脅的生命，只有幾乎可以忽略不計的一小步之遙了。

這裏不妨沿着類似的方向繼續發揮我們的想像。請設想，威特莫爾的背包裏還有一些備用的食物，但是他拒絕與別人分享。我們可以站在抽象的財產權利立場上，讓他保有食物，即使這意味着別人都要忍飢捱餓。或者我們可以認為，正如在所有的法律領域中，人們不能為了保護單純的財產而剝奪他人性命。根據這種思考方向，法律最好要求威特莫爾與別人分享食物。聲稱他擁有財產權利的自私主張將置他的同伴於死地，除非該主張被用暴力推翻或被説服而放棄。如果他們殺掉他分享食物，可以想像，一個負責的法院會將那一行為解釋為自我防衛。顯然，我們今天無須裁斷那一案。它告訴我們的也不是儲藏物品會導致殺人，而是法律在改變，自我防衛規則亦在改變。先前那些探險者們因為生不逢時而沒能利用自我防衛模式來為自己辯護。

幾名同事爭辯説本案不是一個自我防衛的案子，因為威特莫爾並不是一個侵犯者。然而，沒有人否認威特莫爾是無辜的。為甚麼我的同事們要進行一場沒有對手的戰爭？自我防衛是"緊急避險"的一種；儘管受害者的無辜在自我防衛案件中常常是必要條件，在緊急避險案件中卻並非永遠都有此等要求。如果我們把"自我防衛"的標籤換成"緊急避險"，那麼威特莫爾的無辜就變得無足輕重了。斯普林漢姆運用了一個很好的例子，一個房客為了逃離火海而損壞了房東的窗戶。這種對私人財產的損壞由於緊急避險而是正當的。房東可能是完全無辜的。是火災，而不是房東，使得房客的行為成為必要。相似地，威特莫爾是無可指責的；**是極度的飢餓，而不是威特莫爾的過錯使得殺掉一個人成為必要。**威特莫爾之所以成為受害者，是因為他運氣太壞，擲骰子時輸了，而不是因為他自身有甚麼過錯。一旦我們承認有必要殺掉一個人，我們就不能譴責探險者們隨機擇定一個人殺掉，就像我們不能批評一個房客為了逃離火災而損壞窗戶一樣。

最後，長久以來我們聯邦的法律是，自我防衛權利允許在某些情形下殺掉一個無辜的人。如果 A 欲置 B 於死地，B 奮力還擊，但不巧射殺了旁觀者 C，而不是侵害者 A，那麼 B 依然有資格以自我防衛為理由而被宣告無罪。當然，我的意思並不是說，探險者們是在還擊將他們置於困境中的侵犯者時意外殺死了威特莫爾。我們要承認威特莫爾是無辜的，但是不能以他的無辜來否定自我防衛或者緊急避險的抗辯。

簡言之，**被告人是基於緊急避險而殺人的，因此必須被判未犯謀殺罪。**而我們是否把他們據以採取行動的緊急避險稱為"自我防衛"，這在法律上並不重要。自我防衛是緊急避險的一種，還有很多別的種類，它們沒有名稱，在道德和政治理論上與自我防衛有着或多或少的聯繫。近些年來，在回應婦女訴求的法學理論的影響下，有關自我防衛的法律已經發生了擴展和變化。主張被告人的殺人行為由於緊急避險而是正當的，合乎新近的一些發展，或者正當地擴展了它們，並且，不能僅僅因為這種成果在我的"弟兄"們在法學院時還難以想像，就遭到否定。

防止帶有偏見的判決

聯邦訴沃爾金案是否否定了探險者們的緊急避險抗辯？如果沃爾金不能用緊急避險作為偷麵包行為的正當理由，那麼探險者們如何能夠將緊急避險作為殺人行為的正當理由？我非常讚賞斯普林漢姆法官對這兩個案子所做得細緻甄別。我認為沒有人比他做得更好了。但是，去甄別一項不再是有效法律的判例並沒有必要。唐丁法官說得對，如果要在緊急避險基礎上判決探險者無罪，則必須要永久性地推翻沃爾金案。所以我們不妨直接而有效的永久推翻沃爾金案。沃爾金案反映了法院的階級偏見，事實上也是整個刑事司法體制的偏見；對這一體制來說，令人絕望的貧困和長期無家可歸是一種抽象的虛構。不錯，一些無家可歸的人可以乞討，另一些人可以從慈善機構那裏獲取食物，但是對一個政府來說，當它的警察經常把乞討者趕得無影無蹤，而它的立法機關又阻止公眾對宗教慈善機構的支援，然後又要求絕望的窮人通過那些途徑尋求生存，這難道不是荒誕不經，在道德上難辭其咎的嗎？此外，它假定私人慈善機構總能促使窮人不去實施沃爾金那樣的鋌而走險的行為。這是一個經驗問題，無法憑藉最高法院的過人自信加以斷定。有時這種假設是正確的，此時，我們要感謝私人的慷慨相助，而不是這個聯邦。但是有時候它是錯誤的，並且，此時，正義要求聯邦關注此事。沃爾金案的判決是錯誤的。**飢餓是最為重要的一種緊急避險**，如果它不能在法律之內得到緩解，那麼在法律之外尋求解決便沒有可受譴責的犯罪意圖，這種犯罪意圖本身才需要受到懲罰。相反，如同其他真實的緊急避險一樣，它包含着一種不容侵犯的求生意願，而這種意願是先於法律而存在的。

如何評估緊急避險

緊急避險抗辯是我們承認並且回應立法者之不可靠性的一種方式。通過允許緊急避險抗辯存在，我們就承認了，遵循法律的字面含義有時會造成傷害或者產生不正義。緊急避險抗辯就是為那些為了避免這種傷害或不正義而違反法律的被告人量身定做的。他們冒着一種法律上的風險做了我們會同意為正當的事情；他們應該免受懲罰。故此，像伯納姆和斯普林漢姆法官那樣，從各自立場出發，將緊急避險抗辯置於另外一個技術性原則的限制之下，要求它遵循"法律的字面意思"，那是錯誤的。因為法官也有可能出錯，如果我們把緊急避險抗辯制定為白紙黑字的法律，那麼在不可預知的情形下，遵循那一法律的字面意思也會造成傷害或者產生不正義。

恰當的緊急避險判斷標準不是從我們的判例中尋得的表述精確的規則或者我們自己力圖明確表述的規則，而是要帶着勇氣和公正去估量被告人試圖用非法行為所要避免的不正義。我們應該根據我們共同體的常識和標準去評估這種非正義，因為避免我們這裏所要實施的非正義，是共同體的政策。社會治理依賴法律規則體系，而過分拘泥於規則會遮蔽那一事實。根據這一標準，被告人顯然是無罪的，即使他的行為是出於故意。**他試圖去避免的惡是他的死亡**，根據我們共同體的規範以及我們的判例法，這足以為致人死亡的行為提供正當理由。

沒有目的的懲罰毫無意義

如果我上面的辯護意見有缺陷，而且被告人確實在理論上違反了我們關於謀殺的制定法，那麼我們懲罰他會帶來甚麼好處呢？毫無疑問，**對於一個沒有邪惡意圖的被告人，報應是不恰當的。**而且甚至像伯納姆這樣的法律與秩序報應主義者，都不願意說哪一個探險者有邪惡意圖。社會也沒有必要去防止這些探險者去侵害公民。假如說他們表現出殺人的意願，那也只是在沒有食物的情況下被困地下數週以後；他們並沒有對社會構成威脅。

最後，我還想指出，認為一個有罪判決會阻止其他人做出同樣行為是非常荒謬的。如果我們承認這種行為是為緊急避險所迫，或者沒有故意，那麼阻止類似行為顯然是絕不可能的。儘管主張有罪判決的意見的確能阻止未到萬不得已的人殺人，但即使品德最為高尚的人最後都免不了要吃飯，最終會被飢餓推到緊急避險的極點，到了那一時點，他也會殺人，儘管他也會考慮到要阻止沒到萬不得已地步的人殺人。如果一個人到達那一極點，威懾是不起作用的，殺人是無可避免的，並且根據法律殺人行為也是情有可原的。所有這些表達的都是同一個意思。

探險者案 I 中的四名被告人被執行死刑具有爭議，引起過人們的廣泛討論。假設那一案件的判決和懲罰為紐卡斯國的探險者們所知，並被視為涉及探險者利益的重大事件。任何一個有可能在這一天進入一個洞穴的紐卡斯國探險者都知道，即使確實到了極度飢餓的時刻，殺掉同伴來吃還是會被認定為謀殺罪。

對於到達飢餓和緊急避險極點的當前和未來的紐卡斯國探險者們來說，先前的那一判決和死刑懲罰會給他們施加影響，阻止他們殺人嗎？顯然不會。被推到緊急避險極點的意思就是，**人們可以殺掉其他人以自救。**

即使探險者案 I 有些許的威懾作用，或許也只能對威懾的目標有輕微的影響。我們是否可以通過維持陪審團對本案被告的有罪判定擴大那種影響呢？同樣顯然不會。我們不過是闡明，或者僅僅是重申了，被困的探險者必須面臨死亡：要麼餓死，要麼被處死。但是如果這就是僅有的選擇的話，那麼探險者們為了避免餓死去殺掉一個人，然後碰運氣用一種新的辯解去尋求免受死刑，就是合情合理的，甚或也是必需的。如果說飢餓的緊迫性還不能開脫他們，那本法院的不同意見也會給他們的那種策略展現一絲希望。

然而，如果懲罰被告人不會實現報復目標、自我保護目標或者預防目標，那麼它就不能實現懲罰的目標。**而如果懲罰目標落空時，還去懲罰被告人，那就是一種對遵守規則行事的迷信，**

而忘卻了規則的前提所在。我的同事們描述了這一絕望、殺人和食人肉的案子的恐怖，但是最終還是沒有完全理解本案；他們的所作所為就好像是小男孩們玩遊戲，被關於規則的爭議轉移了注意力，忘記了他們為甚麼要玩遊戲。

法律不能脫離現實抽象地存在

我有兩個問題要問那些認為被告人犯有排除合理懷疑的罪行的同事。

1. 是否可以準確評估被告的心理狀態

我們是否可以排除合理懷疑地知曉一個瀕臨於被餓死的極點的人有實施故意殺人行為的心理能力？本案被告有這樣的心理能力嗎？他虛弱的身體和極度飢餓帶來的眩暈，加上自然的恐懼和焦慮，很輕易就超過了我們在其他案件中要求的可免責的責任能力減弱的最低限度。有人會指出他們花了很長時間去討論擲骰子的數學問題，從而反駁我的這一論點。但是這一證據並不是決定性的。即使數學問題的討論是清晰而充分的，那也沒有說明他們有故意，這就好比一個婦女看到刀子，意識到了可能的後果，然後有意地卻也違背意願地順服了強姦者。但是如果數學問題的討論不清楚或者不充分，那説明探險者的心理能力受到了無力、飢餓和恐懼的影響。畢竟，一次公正抓鬮的數學問題相對而言是簡單的，尤其是像在本案當中骰子是現成的時候。我們永遠也不會有充分的證據去估量洞裏的人殺人時的心理狀態，但是我們擁有充分的證據去合理地懷疑他們是否有故意。

我們甚至可以從這些考慮中斷言，一個有罪判決會產生消極的威懾效果。如果忍飢捱餓的探險者還擁有一點微弱的感覺，那他可以從那一有罪判決中吸取的教訓就是，蜷縮在洞內的一個角落，不討論抓鬮的數學問題，也不進行抓鬮，當飢餓變得無法忍受之時，就尖叫着跳起來，在他的一個同伴身上連刺 114 下。這會讓他獲得一種精神病或責任能力受限的抗辯理由，從而消除假定探險者沒有精神混亂所造成的疑惑。

2. 合理懷疑不支持有罪判決

我的同事們是否過度關注了他們關於罪與非罪的爭論，認為這種爭論本身對本案有一種決定性的含義呢？

一個觀點存在分歧的最高法院，能否公正地裁定是否存在合理懷疑呢？根據規則，它們可以這樣。而在法科學生們所説的"真實生活"中，很顯然不能。在真實的生活中，上訴法院在關於某人的罪行是否存在合理懷疑的問題上發生分歧，這本身就表明了確實存在合理懷疑。**從法律上看，一個存有分歧的陪審團並沒有作出無罪判決，但是它確實通過無效審理阻止了有罪判決的作出。**一個存有分歧的最高法院至少應該同樣偏向被告人。當我們就懷疑是否合理沒有達成一致意見時，我們知道，至少有一名法官認為合理懷疑是存在的。如果這點本身不足以確認合理懷疑的存在，那它也至少應該通過與無效審理相似的、可以稱為無效上訴審來阻止有罪判決的作出。如果不這樣的話，我們就只能假設最高法院一名普通法官的懷疑沒有一名普通的陪審員的懷疑合情合理。（自然，如果我們的確這樣想，那也就不會允許上訴了。）

一個受過良好教育的人為甚麼跌入這種陷阱，這種陷阱就是，誤將法律看作一套規則體系。根據這種觀點，法律是抽象的，而不是具體的；是永久的，而非歷史的；是理性的沉澱，而非多元的人類的持續鬥爭；是一架無生命的邏輯結構，而非生活本身的原始和經過提煉的素材；一場人為的遊戲，而不是一種社會現實。根據這種觀點，法律就像是一組電腦程式，很遺憾，它要靠行動遲緩的、難免要出錯的、有私心的和有感情的人類法官去執行，而非由迅捷的、不會出錯的、中立的和沒有情感的機器來執行。然而具有諷刺意味的是，根據這種觀點，合理的懷疑不能依據最高法院法官們詳細論證的意見來確定，而只能由陪審員的投票來決定，這很有可能完全是情緒化的。假如不是如此頻繁出現不幸的結果，我們的政策將會是一種非常滑稽的自欺欺人。

期盼這些受過高水準教育的最高法院成員看到顯而易見的東西，也就是說透過規則之網看到規則之外的現實，難道這過分嗎？有四名最高法院法官認為存在合理懷疑，即使他們不成為多數，也表明了確實存在合理懷疑。因此，我們必須作出無罪判決。

…法律是否彰顯正義…

伯納姆法官認為，法官應該遵守法律，而非遵循他們自己關於正義為何的觀念，這是因為，在一個多元化的社會中，人們可能就法律達成一致，而在正義的要求是甚麼的問題上可能存在分歧。他激烈批評了那些想求諸法律之外的正義的人，尤其是那些法官。我在前面許多地方主張以正義為由去修正或者擴展我們的法律；因此我應該直面伯納姆的觀點並且給予明確地回答。實際上，如果我們生活在一個他所想像的良好的、多元的社會，我會同意他的那一強烈主張。他的唯一謬誤就是，他認為我們真的生活在公民理性的理想世界當中。他承認，"只有當我們想盡辦法讓所有的觀點都能在立法程序中得到傾聽"，他的意見才能成立。紐卡斯國社會在多大程度上沒有滿足這種參與性的理想，他的意見就在多大程度上是難以成立的；令人悲傷的是，這種沒滿足理想狀態的程度是巨大並且長期存在的。

如果舉一個類比，伯納姆的意見的問題就會變得十分明顯。我們政治辭令的一種陳腐論調認為，在民主體制當中公民不服從是不正當的，因為遭遇不幸的抗議者可以向立法機關和公眾請願，從而減輕痛苦。如果他們的理由充分，人數眾多，那他們就可以在不侵犯法律的情況下得到滿足；但是如果理由不夠充分，或者數量太少，那他們就沒有理由得到滿足。這種意見是頗具吸引力的，因為它，或者其他與之類似的觀點，在我們希望能生活於其中的理想社會裏是真實的。合理的理由和真實的數量的確應該起作用，但是那並不意味着它們在我們生活於其中的社會中能夠起作用。伯納姆的論點假定立法機關完全反映了全體人們，但考慮到財富和特權對真實選舉和真實立法的不平衡影響，這一論點就難以成立。如果制度本身已經很公正，那我們只能勸告想實施公民不服從的激進分子離開大街回家去，向立法機關書寫陳情信。只有當法律已經很公正的時候，伯納姆才能以他那特有的正當論調祛除訴諸法律之外的正義的做法。但是如果法律根據利益、財富和權力制定的，而不是由多元的聲音根據其分量和合理性來建構的，那麼伯納姆的論點就會成為忽略這些改變訴求的理由，也因此就會成為牢固確立非正義的理由。假如法律將特權制度化了，那就不可能讓所有的觀點都在立法程序中得到傾聽。我們並沒有生活在伯納姆所想像的那種多元社會中，在那種社會中，觀點和利益各有不同的羣體在法律的公正性上達成了"高度一致"。在我們所生活的多元社會中，一些觀點和利益支配着其他觀點和利益。只要情況確實如此，**求諸法律之外的正義是讓法律符合正義要求的唯一希望所在。**

我贊成推翻有罪判決，宣告被告人無罪。

10 生命的絕對價值
—— 特朗派特法官陳詞

> 在法律看來，每一個生命都是極其崇高和無限珍貴的。
> 這讓每個生命具有平等的價值。
> 沒有哪一個生命可以超過其他生命。
> 任何犧牲都必須是自願的，否則就是侵犯了
> 法律所確認的生命平等和神聖尊嚴。

承認生命的絕對價值

我的同事們似乎認為，本案的首要問題就是緊急避險抗辯。因此，他們長篇大論地討論探險者們是不是由於緊急避險而殺人的。但是我稍後會說明，他們完全誤解了本案。緊急避險不是殺人的正當理由或免責事由。因此我們甚至無須討論探險者們是不是由於緊急避險而殺人。伯納姆、斯普林漢姆和其他人在這方面的努力都是白費力氣。

斯普林漢姆承認這一顯見的事實，即本案並非一個自我防衛的案件，但是他轉而又說本案是一個"自我保存"的案件，好似這一新的短語本身有甚麼啟示。海倫認為本案是自我防衛

124

的某種未命名的變體，好像在她看來，把本案與自我防衛這一歷史悠久的正當理由聯繫起來不用怎麼費力就能讓她的主張成立。但是本案並不是一個有關緊急避險或者自我保存或者自我防衛的案件。它是一個有關平等的案件。如果說它關係到某種自我保存的權利，那它關係的也是這種權利在洞裏的不平等確認。存活下來的探險者將他們自己的生命看得比威特莫爾的生命更為珍貴。本法院不能認為，紐卡斯國及其法律會支持這種暴戾和自私的不平等。

在法律看來，每一個生命都是極其崇高和無限珍貴的。這讓每個生命具有平等的價值。沒有哪一個生命可以超過其他生命。任何犧牲都必須是自願的，否則就是侵犯了法律所確認的生命平等和神聖尊嚴。如果沒有人主動犧牲，那誰也沒有權利殺害不願犧牲的人。每個人都有義務面對死亡，都不能違反最高的道德和法律義務去殺害他人。

斯普林漢姆和塔利試圖表明，那場抓鬮把探險者的平等權利置於一個平等的起點上了。儘管就其本身而言的確如此，但是它忽略了，抓鬮的目的是為了贏家的利益殺掉輸家。這一目標是在實施終極意義上的不平等。認為每個探險者都有平等的機會承擔不利後果，這並不能為不平等的結果提供正當辯護，原因僅僅在於，不能扭曲平等來正當化不平等。

…忍受不正義好過施實不正義…

與之相關的一個原則就是蘇格拉底（在《高爾吉亞篇》中）最早表達的，即忍受不正義好過實施不正義。或者是之後耶穌所說的（在《路加福音》中），有人打你的右臉，你連左臉也轉過來由他打。這些人都是宗教狂熱主義者，他們都不會同意塔利所認為的殺人可以是一種划算的交易的可憎觀點。

在此基礎上，我們可以洞穿環繞於那一自我防衛先例周遭的迷霧。我的同事感到疑惑的是，為甚麼以前的法官認為自我防衛是關於謀殺的制定法的一項例外，而以前的立法者卻拒絕這樣做。我的同事們這樣推論：自我防衛殺人之所以應該被免責，是因為自我防衛殺人不是故意的，因為它深深植根於我們的天性之中，因為懲罰自我防衛者不會起到阻止犯罪的作用，因為自我防衛是預防性殺人，或者因為自我防衛沒有被包含在關於謀殺的法律的目標之中。但所有這一切也僅僅是猜測而已。

自我防衛殺人違反了在實施不正義之前忍受不正義這一原則。這是自然法的一項原則。它並沒有因為不斷受到違反而改變。我的那些同事誤入歧途了，在永恆法與人類利益相衝突時就不能識別它。對他們來說，相同的結論亦可從人類法中推出。自我防衛殺人違反了關於謀殺的法律的字面含義，這一法律要求懲罰所有的故意殺人。一個服膺"立法至上原則"的國家，無法容忍司法機關對絕對的立法語言設限。

關於謀殺的法律排除自我防衛是有充分理由的：立法者不願意以自我防衛為由寬宥殺人行為。他們相信人們應該送上另外一邊臉。説得更明確一些：那個免除自我防衛殺人根據關於謀殺的法律應受的懲罰的先例是一個錯誤判決，應該被推翻。但是我知道，我的投票不足以推翻它，而且在我的有生之年亦恐無機會推翻。此外，至少在這一先例確立如此之久後，對於先例的尊重也要求我服從這一司法創造，但是我必須強調否定自我防衛的原則，因為它依然是法律的一部分，並且與這些探險者的案件直接相關。

斯特莫爾先生是由於外力強制而不能遵守一項停車法令；順從是不可能的。而探險者們則根本沒有因為遇到障礙而不能遵守法律；他們是被誘惑違反法律的。他們太脆弱了以致無法抵抗這種誘惑。他們發現選擇不服從法律比選擇服從更有利。由於他們的罪行遠非必要，服從法律也就決非不可能。服從是可能的，也是恐怖的。但人們有權去迴避這種恐怖嗎？即使我們認為他們有這樣的權利，我們也不能以此為由為殺人作辯護，因為殺人行為至少與他們力圖避免的餓死一樣恐怖。

…殺人行為不可寬宥…

正如伯納姆責難福斯特反感制定法一樣，斯普林漢姆法官也批評伯納姆法官反感緊急避險抗辯（見 76 頁）。但既然我們有緊急避險抗辯和制定法，我們就只好斷定，伯納姆和福斯特僅僅是在所要宣誓維護的法律上存有分歧。如果事實的確如此，那將是毀滅性的。但實際情況是，儘管我們確實擁有制定法，但紐卡斯國的確不允許緊急避險抗辯。更為確切地説，我們允許停車的緊急避險抗辯，這是斯特莫爾案所表明的，也從來沒有受到過質疑。但我要問斯普林漢姆法官的是，判例法當中有甚麼地方可以找到這樣一種權威，去冷冰冰地宣稱殺人者也可以運用緊急避險抗辯。（如同唐丁法官在 21 頁所指出的，我們沒有基於同類相食的緊急避險抗辯，因為沒有任何制定法規定同類相食為犯罪。）伯納姆拒絕緊急避險抗辯，因為它使得違法成為正當，並必然帶來無政府狀態。斯普林漢姆承認確實存在這種危險，但回應説，可以嚴格限制緊急避險，要求對緊急避險的存在合理確信，而不僅僅是真誠的相信。斯普林漢姆的主要觀點是，在伯納姆看來秩序先於正義，但是正義會不顧其對於秩序產生的影響允許緊急避險抗辯。

但是斯普林漢姆錯了，即便為了保全自己的性命有必要殺人，正義也從來沒有要求我們去殺人。**正義要求我們面對死亡，而不是去殺害別人。**我希望我不會聽到那些有意殺人的人哀求哭號，聲稱自己殺人是正義所要求的；那會讓人窒息。我要告訴被告人，他應該自願等待餓死。這句話很難出口，我絕不是隨便草率地就説出來的。但是如果其替代選擇是殺掉別人的話，那我這麼説就是正義所要求的。與探險者們逃脱一死相比，更為令人不齒的是斯普林漢姆的觀點，他認為正義允許殺掉威特莫爾。與其説正義支持探險者們殺人的決定，還不如説正義應該被拋諸一旁。

斯普林漢姆説選擇受害者的方法是公平的，這是因為它是隨機的，而非因為得到了一致同意。他説，根據法律規則，受害人的同意不能成為謀殺的抗辯理由。而斯普林漢姆沒有説出來的是，根據他的原則，當這個被隨機選擇的受害人哭號反抗卻最終被害時，那依然是公平的。讓我們假設被害人的同意是無足輕重的，隨機選擇是公平性的唯一要求，那請我的同事們想像一下這樣一個生動的場景：一個極力反抗的受害人被制服在地，然後被殺掉。這是公平的嗎？

此外，儘管我們不知道殺人的方法，但我們知道威特莫爾並沒有同意。因此我們可以假定他進行了全力反抗。我們不知道在死亡當天他還有多少力氣，但是他的反抗必定讓殺人者們費了些力氣才制服他並了結了他的性命。探險者們既承認付出了這樣的努力，而同時又宣稱他們正處於餓死的邊緣，以至於不能再等哪怕一天時間，話能這樣說嗎？

斯普林漢姆說，這些人是出於"自我保存"的需要才殺人的，並且也承認威特莫爾並沒有滿足自我防衛的目的所要求的侵害者的標準。但是假如這些普通的不幸之人可以殺掉一個沒有對自己構成威脅的人，而原因僅僅是如果沒有那個人的血肉所提供的營養，他們將會死掉，那麼，為甚麼一個患有腎臟疾病的公民不能殺掉一個擁有合乎他的肌體類型的腎臟的人，取走受害人的一邊腎臟拿去移植呢？或者，如果不止有一個人可以提供合適的腎臟，為甚麼不讓他們也舉行一次抓鬮，把輸掉的人殺掉取走腎臟呢？健康的腎臟擁有者與威特莫爾一樣無辜，並且，與這些探險者一樣，有腎臟疾病的那個公民也是出於緊急避險而殺人的。我們並不認為，有甚麼人應該死於腎臟疾患，卻不應該死於一場山崩之中。當這一切發生後，我們所能做的就是向被害人及其家庭表示哀悼。然而，如果沒有人自願捐獻腎臟，我們就要告訴患有腎臟疾患的人，他們必須面對死亡，不能通過謀殺強行剝奪他人的腎臟。對這些探險者，我們也只能這樣說。

探險者們犯有謀殺罪。任何對他們行為的道德審視都不能推翻這一結論，如同在法律上有罪一樣，他們在道德上也是有罪的。事實上，**生命神聖原則首先是一個道德原則，其次才是一個法律原則**。試圖找到這一殺人行為的正當理由，例如，通過緊急避險或者自我防衛的某種變體，或者將謀殺法律和謀殺的道德區分開來，都既違犯了紐卡斯國的法律，也有違本國的道德。

殺人永遠不是"划算"的交易

塔利法官完全錯了，他誤認為他的所有同事私底下都認為殺掉一個人去挽救五個生命是一項划算的交易。同其他幾個人一樣，我認為這麼説是野蠻殘忍的。但是由於以數字為理由的意見為很多人所持有，並且也是許多清醒的思考者的一個難解的結，因此有必要對之給予回應。我們能夠為一百個人的生命而殺掉一個人嗎？一百萬人呢？甚麼時候殺人的"收益"會超過"損失"，以至於我們可以開始談論"划算的交易"？有這樣的一個點嗎？

塔利會為挽救五個人殺掉一個人，為了挽救一百萬人而殺掉一個人。但是他會為了五個人殺掉四個人嗎？為了一百萬人殺掉九十九萬呢？可以想像，儘管根據他的冷血的算數，在每一個案子中"划算的交易"都是非常明顯的，但面對這些數字，連他那無情的直覺也會躊躇起來。

如果所有的生命都有無限的價值，那麼一條生命與兩個生命就是同樣珍貴的，與一百萬個生命相比亦是如此。事實上，一個生命與無限個生命都是一樣珍貴的。**在預防性殺人中永遠都沒有划算的交易；有的只是手上帶着鮮血的倖存者。**

我承認，或許殺掉某些人去拯救其他人常常是"必要"的。我的意思是，如果那些其他人要得救的話，那麼某些人就必須被殺掉。我甚至承認，探險者們就處於這樣一種情形之中。但是在這類情形下，殺人也僅僅是在假定的意義上是必要的：只有當某些其他人一定要活下去時，這才是必要的。在這裏僅有假定的緊急避險是不夠的。如果我想戴着你的頭皮或者用你的頭蓋骨裝點桌子，那你就被假定有必要被殺死。但我是以緊急避險為由殺你嗎？顯然不是。我承認這種假定的緊急避險，但是仍然循規蹈矩地生活，並沒有戴你的頭皮，也沒有用你的頭蓋骨裝點我的桌子。如果某些人必須要被為了救別人而殺掉，那其他人也應該早點結束生命，而非以同類的生命為代價苟延殘喘。

只有當塔利所計算的單位只有有限價值時，他的原則才能適用，因為那樣的話五個的價值總是超過一個的價值。但生命卻不是這樣的一個單位。塔利會說，我們在過錯致人死亡案中賦予的損害賠償表明，我們為人的生命設定了一個有限的價格。但如果這是正確的，那我們也就會允許富人購買窮人，允許他在支付了價格的前提下，違背他人意願將其變為自己的物品。解釋為甚麼我們視生命為無價而同時又在過錯致人死亡案中賦予賠償，要比塔利解釋為甚麼他的人類價值觀點不會導致將人類商品化容易得多。

但是即使我們承認他的觀點，認為根據法律人類價值是有限的，他的邏輯也不適用於這些探險者的案子。因為如果我們認真對待塔利的邏輯，那麼五個在抓鬮中獲勝的人就有正當理由殺掉輸者，即第六個探險者。如果就在那時一場沒有預料到的山崩又將救援行動延長了兩週，並且如果這些人通過無線電獲悉了這一壞消息，那麼五個倖存者的四個正當地殺掉第五個就只是時間問題了。如果我們又通過無線電告訴他們發生了山崩，那三個倖存者就有正當理由殺掉第四個，然後又是兩個倖存者殺掉第三個。如果我們再告訴他們一次，在預防性殺人的有限情形下，最後其中一個就可以正當地殺掉另一個。根據塔利的邏輯，每一次殺戮都是一項划算的交易；但是到了最後只有一個人活着，別的五個都被殺死吃掉了。如果我們認為為了救五個人而殺一人是正當的，那最終我們也會認為為救一人而殺掉五個人也是正當的。即使根據塔利的算術，那是一項划算的交易嗎？

道德比殺人自保更重要

海倫法官是錯誤的，她認為"品德良好的"探險者也不能不進食，即使是通過殺掉一個人來獲取食物也是情有可原的。這是一種自以為是的說法，她從來沒有遇到過一個品德良好的人，抑或沒有從偶遇中正確地體會到甚麼。**一個品德良好的人會自願等待餓死而不是殺人。**在這種恐怖而悲慘的境遇中，等待餓死，而非殺人，才是必要的行為。顆粒不進直到死亡是不那麼容易做到的，但是難道它的道德必要性還不夠明顯嗎？以自己的生命為代價克制不去殺人，這種修養正是我們所指的優良品質的一部分。

理解生命神聖原則

最後，我並不是沒有注意到，在構成關於謀殺的法律根基的生命神聖原則和那一法律所規定的強制性死刑之間，存在一種矛盾。那一制定法本身就有衝突。這是廢止制定法的死刑規定的非常堅實的理由。除此之外還有一些比較軟弱的理由也支持廢止它。説它"堅實"是在與法官常常用來廢止制定法的其他理由——比如抽象正義或者常識——比較的意義上而言的。強制性死刑可能得到這些原則的支持，例如自我保護，威懾（帕里案），或者改造（斯坦普案）；但是這些原則都沒有生命神聖原則那樣的分量，也不像生命神聖原則那樣在我們的法理學中有着深厚的根基。此外，支持死刑的每一種原則在某種程度上都可以通過監禁來實現，因此，即使不考慮關於謀殺的法律的目的理論，其目的也不會要求使用死刑。這説明，對於紐卡斯國法律的根基而言，支持死刑的原則並沒有生命神聖原則那麼重要。因此我願意廢除規定強制性死刑的制定法條款。

現在要救之前四個人免於死刑為時已晚，但是還來得及確認那個真正的原則，認定被告是謀殺犯的同時視他為具有無限價值的生命，從而申明我們同意他的道德原則。

我贊成支持有罪判決，但將案件發回初審法院重審。

11 契約與認可
——戈德法官陳詞

我們依然相信遵守法律的義務
並非建立在某種神秘的道德義務之上，
也絕不是奠立於主權者的某種神聖權利之上，
而是建立在我們遵守它的承諾上面，
儘管這種承諾可能是默示的。

被害人生存權利被侵害

距今約一百年前，當第一個婦女被任命為紐卡斯國最高法院的法官之時，大多數的男人都設想她將會為婦女代言，很可能大量的婦女也這麼想。事實上，認為這就是該名婦女得以獲得任命的原因也並不為過。等到第六位婦女被任命之時，紐卡斯國已經同時擁有兩位女法官了。直到那時，大多數的男人才明白並非所有的婦女都想法相同，可能部分婦女也明白這一點。如果這意味着婦女正由空洞的抽象概念逐漸變成一個複合的實體，那這是事情的有益轉變。但同時這又是不幸所在，因為假如並非所有婦女都有同樣想法，那麼誰能為婦女代言呢？

我的同事們早就厭煩了被告知我和海倫法官的想法並不必然相同，就像（比方說）基恩和福斯特法官思維各異一樣。海倫法官本人可能也厭倦了這一事實，因為她的書面意見表明她正盡力為婦女代言，並且假定所有婦女想的或者應當想的都是相同的。但是我還要不厭其煩地再次提醒大家注意我們兩人之間的不同。

　　這裏有好幾個判定被告犯有謀殺罪的理由。一個理由是探險者們必須對自己所面對的痛苦萬狀的困境承擔一定責任。另一個就是威特莫爾有自我防衛的權利，這種權利與緊急避險抗辯格格不入。再者，簡單地說就是，沒有甚麼理由說明被告沒有犯罪。

1. 被害人撤回同意的行為不容忽視

　　先說第三個理由：海倫法官把生還的探險者與強姦受害者進行類比，理由是他們被迫有意識地但同時也違背內心意願地實施行為（真的每個案子都能與強姦作類比麼？）。然而，即使按照她的說法，她也完全顛倒了情形，存活下來的探險者與其說像強姦受害者還不如說像強姦犯，因為他們把威特莫爾當成了目標（不是性行為的目標，而是覓取食物的目標），通過暴力使其服從他們的意志，服務於他們的利益。**威特莫爾的同意或者**

不同意遭到了輕視、忽略和蹂躪，他不被作為平等一方。當這種暴行以性行為的方式表現時，就是強姦；以故意殺人的形式表現時，就是謀殺。

威特莫爾提議了抓鬮並最先毫不遲疑地同意了。但是在擲骰子之前，他也明確無誤地撤回了同意。這制止其他探險者們殺人了嗎？我們甚麼時候聽說過某個婦女去男人的公寓，甚或與其共進晚餐，她就以自己的行為同意了性關係？並非任何人們覺得表示了同意的行為都確實表示了同意。而且即使是真正的同意也是可以撤回的。如果不這樣的話，婦女們可能就要被和男人們隔開，穿上長長的黑袍面紗，避開男人們凝視的目光。但是生活與此完全不同，不論在事實還是法律上，沒有甚麼證據表明不是這樣的。

所以，讓我們從同意可以撤回的原則開始討論。威特莫爾撤回了加入抓鬮的同意，但探險者們為他擲骰子時，他並沒有認為骰子被做了手腳或者投擲時有舞弊行為，他也沒有這麼說過，但這只表明他同意了擲骰子的公平性，而沒有同意重新加入之前的那項協議。這對他的同伴們沒有產生甚麼影響，他們殺死了威特莫爾，彷彿他已經同意了似的。

某些新聞評論人猜測威特莫爾一開始提議抽籤時就打着如意算盤，計劃在最後一刻退出抓鬮，然後通過某種聰明的辦法

（也許是令人同情的抽泣）來分享其他人通過謀殺得到的食物。當然沒有任何證據支持這種觀點。但是無論如何，我上面的分析無疑已經回應了它。即使這一猜想完全屬實，它仍然承認威特莫爾確實撤回了同意。一個婦女在心甘情願與男人共進晚餐並吃過甜點後，仍有權利拒絕性行為並且受到尊重（這還需要多說嗎？）。要不然的話，我們就只能說，因撤回同意使得男人產生挫敗感的女人應該被強姦。

如果不是為了獲得羣體中每一個成員的同意，探險者們為甚麼要花那麼多的時間討論抽籤的數學問題？即使如斯普林漢姆正確指出的，同意不是對謀殺的抗辯，對探險者們來說同意顯然是非常重要的。但是假如這樣，他們還有甚麼藉口忽略威特莫爾的異議？威特莫爾的不同意對本案沒有實質意義，並非因為同意是對謀殺的一種抗辯，而是因為，除非探險者們雙手清白地走進法院，否則他們就不能主張緊急避險抗辯。**我們的同情感幾乎取決於他們雙手的乾淨程度，而判決他們無罪的公平性在很大程度上又取決於那種同情感。**

稍後我會回到同情的問題上，但我先要指出，當海倫法官將探險者們比作強姦的受害者時，她也隱含地把威特莫爾比做強姦犯。但這是極度荒謬的。威特莫爾沒有做任何威脅、傷害或危及其他探險者的事情，他們中的任何人都沒有對其他人做過類似的事情。每個人都活着，都渴望吃東西；每個人的身體都可以被作為食物。但就這點而言他們是相同的，威特莫爾沒有任何具體的威脅。這正是我們不能把那一殺人行為視為自我防衛的理由。威特莫爾不是一個侵犯者。他沒有任何罪行。如果有人必須要死，沒有理由一定應該是威特莫爾而不是其他任何一個人去死。如果他真的採取了其他人未曾採用的方式威脅了別人，根據自我防衛理論甚或是新穎的回應婦女型的自我防衛理論變體，他也只不過是扮演一個強姦犯或者自我防衛理論中侵犯者的角色。

讓我提醒法院想一想法庭判決史上那一駭人聽聞的篇章吧。國家要對某人定罪，必須要證明被告人存在所謂的思想因素或犯罪意向，有時被簡稱為犯罪意圖。如果被告人沒有犯罪意圖，那就不能被定罪；如果國家沒能證明存在犯罪意圖，那它就要敗訴。本法院的先輩們曾經一度堅持認為，強姦罪中的犯罪意圖對於男人來講就是他知道性行為當時婦女是不同意的。因此，如果他真摯地相信婦女確實同意了，那麼他就沒有犯罪意圖，就不是強姦犯，他需要的僅僅是善意確信，或者是真誠，因為這是關於他心理狀態的問題。他的確信不一定非要是真實的，或者在當時情境下是合理的，或者要有些許證據的支持，它只需在心理上確實存在就可以了。但一個男人對婦女的同意的確信可以既是真摯的，同時在又當時情形下是不合理的，原因是婦女發出的信號含糊不清，或者他喝醉了或者很愚蠢。他也可能樂於相信他願意相信的事情。但是他只要可以以自己的心理狀態為由而被免責，受害人的心理狀態無關緊要，那麼即使婦女明確地表示拒絕，也只能任由男人擺佈了。所有這些都是無可避免地從每一種犯罪都一定要存在犯罪意圖的那一古訓中引出的。這一原則將婦女的同意轉換為男人對女人同意的確信。其結果具有非常明顯的壓制性，它不可能作為法律長期不變，儘管我們常常忘記了，用明確的立法糾正這種情形花了二十四年時間。

因為紐卡斯國建立在由大螺旋之後第一時期的倖存者訂立的明確社會契約之上，所以許多作者把關於強姦的法律的實踐與我們的社會契約觀念相類比。那一代建國者對那一社會契約的明確同意有案可查。但是對他們今天的子孫後代來說，最多也只有默示的同意。我們今天的同意可以從我們的行為中推斷出來，比如說，接受政府提供利益和服務。那麼推斷我們的同意目的何在呢？主要是為了讓我們遵守法律。**我們依然相信遵守法律的義務並非建立在某種神秘的道德義務之上，也絕不是奠立於主權者的某種神聖權利之上，而是建立在我們遵守它的承諾上面，儘管這種承諾可能是默示的。誰在推斷我們的承諾？是**

國家，因為它必須讓我們為違反法律而承擔責任。這就好似那一駭人聽聞的"善意強姦"規則，因為它將我們的同意轉換成政府對我們同意的確信。這是否有點過分壓迫人們而需要被修正呢？或者說它是不是誤解了紐卡斯國今天用來表明和確定同意的方式？

許多作者已經回應了對我們政府組成的強烈指責，比如爭論說，在我們確立接受統治的默示同意時，國家並不扮演至關重要的角色，因為這一工作也可以由任何獨立或者非政府的實體來完成，比如一個火星觀察者、紐卡斯陪審團或者黨派中立的社會學家。我無需通過指出大多數紐卡斯人明白可以從自己的成功中獲益這一點來傳遞這些反駁的有效性，因為假如這種批評沒有得到回應，那我們的政府組成就不具有正當性，只是依靠一種似是而非的同意或者肯定性的擬制把我們可能並不同意的事情解釋為同意。

所有這些都迂迴地指出，我們很久以來已經棄絕了"善意強姦"規則，並盡全力反駁認為我們的政府組成也同樣不正當的批評。但是假如我們真的認為我們已經從強姦的情形中吸取了教訓，那我們不應該辜負我們認為已從教訓中學到的東西。如果一個女人的同意並不等同於一個男人的確信，則我們必須去審視女人是否真的同意。簡言之，不這樣就是沒有真正吸取教訓。如果同意是抓鬮的基礎所在，威特莫爾的同意就不能由殺他的人推斷或者解釋出來；而應該看威特莫爾是否真的同意。但是他並未同意，因為他撤回了同意並再未同意過，這點大家都沒有異議。

2. 被告須為自己的行為負責

我相信，斯普林漢姆、塔利和海倫會主張說，如果探險者們是出於緊急避險而為，沒有威特莫爾的同意而殺掉他也不要緊或者也情有可原。我想以一種稍有不同的方式來提出問題：問題不是探險者們是否出於緊急避險而為，而是他們的確如此的話又有甚麼不同。如果一個男人為了被吸收進某個幫派而"必須"強姦婦女，我們並不會以這種"必要性"為由判他未犯強姦罪。但是如果他拒絕強姦婦女會導致那個幫派殺掉他並且他也知道這點，情形會是怎樣呢？我們的下級法院曾經審理過這種案子。那一新的追問強化了和本案之間的相似性。毫無疑問，我們為了避免死亡做我們必須做的事情，這減輕或者消除了我們造成傷害的犯罪意圖。但是在那個案子中，為甚麼我們沒有同情那位陷入困境的想入幫派的人呢？為甚麼我們不問他是如何讓自己陷入要麼強姦婦女要麼被殺的困境中去的呢？他是不是對走到必須做出選擇的那一步田地，並且因此對他為了"避免被殺"而實施的強姦行為負有責任呢？類似的一系列問題會讓我們拒絕一個受到警察攻擊然後劫持了一個無辜路人作為人質或盾牌的逃犯的緊急避險抗辯。沒錯，那個犯人的生命受到了威脅，並且這種方法能夠保護他，但是他自己對造成那種窘境所負的責任不允許他以他人的生命為代價來挽救自己的性命。

在兩個探險者案中，被告探險者們負有重大責任。他們沒有造成山崩，也沒有把山崩的危險作為樂趣。但是他們自願地走進一個佈滿危險的自然環境之中，可以預見在那裏他們應對災難的選擇範圍是狹窄的。他們為甚麼這麼做？不是為了避免死亡，也不是為了採集食物，而是為了娛樂。因此我們必須斷定，**他們的自願行為在很大程度上對陷入為了活命"必須"殺人的困境之中負有責任。**這一事實排除了他們鋌而走險行為的必要性的抗辯力。而且，在最後一刻來臨之時，他們為了活命殺掉了一個道義上等同於無辜路人的人，用他的身體來抵禦飢餓。

為甚麼我對探險者們不是很同情呢？首先，因為他們的行為顯得同意很重要似的，但是隨後又漠視了受害者的異議。第二，他們的緊急避險行為是他們自願行為的結果。在此我集中闡述第二點理由。我會更同情一羣因地震或恐怖爆炸身陷倒塌建築的雜貨商、乾洗店員工和打字員。如果他們與探險者們一樣也進行了同樣的無線電聯絡，飢餓的程度一致，並且也進行了抓鬮，抓鬮失敗者隨後也同樣撤回了同意，最後殺死他們當中的某個成員，他們的緊急避險抗辯也會比這些探險者們所提出的緊急避險抗辯強有力很多。可能也有很充分的理由拒絕他們的抗辯，但是他們不會因為對招致或者造成所面對的必要性負有責任而喪失緊急避險抗辯。

為甚麼我們要赦免那些在實施犯罪行為時不自覺地醉酒的被告人，而不是那些自願醉酒的被告？我們的犯罪心態或犯罪意圖理論看來似乎是要求我們對兩者都加以赦免，他們一樣不具備那種必不可少的心理狀態，並且可能在同等程度上缺乏那種心理狀態。簡明的回答就是，我們對那些自願醉酒造成傷害的人比那些非自願醉酒引起傷害的人更少同情。原因很明確，自願醉酒者對於自己的醉酒狀態以及在那種狀態下引起的傷害都負有一定的責任。我們可以說由於自願醉酒者對自己心理能力的喪失負有責任，因此我們不同情他們。或者我們也可以說負有這樣的責任具有法律意義，因為這使我們對他們沒有同情。對於我來說，是否通過這種情緒或通過那些使這種情緒正當化的事實來證明這一法律原則的正當性是無關緊要的，並且我從來沒有看到過有人說這是有重要關係的。

幫派成員的例子是一個真實事件，並且近年來在城市中不止一次出現。它很有意義，教給我們緊急避險抗辯的限度。

沒有人對強姦罪控告提出緊急避險抗辯，或者如果有人這樣做了，我們也不會接受。儘管實施強姦行為的必要性永遠不存在，但是自我防衛法律表明殺人的必要性是可以存在的。我們從強姦的類比中知道，如果被告人心甘情願地共同造成了困境，那他的緊急避險抗辯就要被拒絕。但並不是非要求助於強姦的類比才能得出這一結論。我們也可以從自願醉酒的應受懲罰性與非自願醉酒的應受懲罰性缺失的那一古老區分中吸取同樣的教訓。這一教訓顯然是對探險者們不利的。

3. 被害人自我防衛的權利

我現在想直接反駁這一觀點，即本案中的殺人行為，或者任何一種非自我防衛殺人都可通過緊急避險獲得辯護。塔利正確地糾正了斯普林漢姆的錯誤，指出了免責事由和正當理由之間的基本差別（見 102 頁）。諸如精神失常、激怒或責任能力減弱等作為免責事由的抗辯，可以免除責任，但並不會肯定一個人的行為。如果有人因為精神失常而殺了人，他並未犯謀殺罪，但是我們依然要譴責這種殺人行為。如果精神正常者幫助精神失常者實施殺人行為，那就犯了謀殺罪，就要被懲罰。制止殺人行為的路人則應當受到讚揚。

與之對照，諸如自我防衛這樣的正當理由抗辯，不但可以免除責任，而且也會肯定一個人的行為。如果被告人得到他人的幫助，那提供幫助者也要被宣告無罪。阻擋這類殺人的路人可能會招致我們的非難並可能承擔某種罪名。我們的法科學生都耳熟能詳，幫助一個可被免責的違法行為是犯罪，阻止它則不會獲罪；但是制止一個有正當理由的違法行為是犯罪，幫助它則不會獲罪。

正如塔利所言，緊急避險是一種正當理由，而非免責事由（見 103 頁）。如果的確有可能出於緊急避險殺人，那麼殺人者就應得到我們的讚揚和尊重（如斯普林漢姆正確指出卻沒一以貫之的，見 75 頁），而且，任何制止這類殺人者的人應該受到非難，甚至可能構成犯罪。但在此處我們看到加諸於塔利論點之上的限制：緊急避險並不適用於本案，或者說也不適用於任何非自我防衛殺人行為。如果探險者們是出於緊急避險殺了威特莫爾，那威特莫爾保護自己就是錯的。但如唐丁對探險者案的討論中似乎所見的一樣，這荒謬之極。因此，探險者們沒有資格運用緊急避險抗辯。

順便提一句，這也有力地解釋了為甚麼說海倫法官是錯的，她認為一般大眾的正義觀念支持運用這種緊急避險抗辯。相反，一般大眾的觀念無疑會允許威特莫爾保護自己。

承認法律多樣性

反對殺人行為的緊急避險抗辯無需像特魯派特法官那樣長話連篇。我不相信本國或者其他國家的最高法院法官曾主張謀殺禁律的自我防衛例外應該被推翻。假如特魯派特法官不是確實存在的，類似他的口吻提出的觀點會被人們視為無稽之談。人們應該告訴他蘇格拉底和耶穌並不是紐卡斯國的立法者，告訴他還有許多道德原則出於某種充分的理由並未納入我們的刑法之中，比如禁止貪婪、色慾和暴飲暴食。**正如並非每一種惡行都是或者應當是犯罪，並非每一種美德都應當成為法律義務。**某些美德並非一定要具有，比如自願犧牲以挽救他人。任何人都沒有去死的義務。法律僅僅要求我們棄絕一些嚴重的有害行為，而不要求我們像聖徒一樣。特魯派特法官像道德狂熱分子那樣癡心妄想是錯誤的。如果他完全確信法律應當是某種樣子，他也會完全確信它已經是那種樣子，並且因此所有不同意他的人都是錯誤的。特魯派特法官堅決地將他的信條貫徹到底，以至於他斷定千百年以來我們所有法院中的法官在自我防衛的法律地位問題上都犯了錯誤。這一主張表明他所談論的是自然法、神聖的道德或道德原理，而不是他有權實施的聯邦的人定法律。在我們的學術雜誌上很普遍的另一種謬見就是相信因為法律應該是協調一致的，它就是協調一致的。像寫這種文章的教授一樣，特魯派特法官的闡述所依據的原則是，他的實際境遇必須跟他想像中的境遇一致。但是實際的法律並不是理想的法律（引用邊沁的說法），就像飢餓不是麵包一樣。邊沁的類比在此特別貼切，要是探險者們具有特魯派特法官所具有的癡心妄想的天賦，那他們就永不會產生飢餓感。

無罪判決可能會導致悲劇重複發生

判決探險者們有罪會威懾到未來處於類似情形下的探險者們嗎？海倫法官認為不會（見 116 頁）。此處有一個理由說明她為甚麼是錯的。我們基本上可以假定，這些探險者是彼此照顧的朋友，而不是探險隊的隨機搭檔。威特莫爾是存活下來的探險者的朋友，他們也是他的朋友。這些探險者決不是殺人不眨眼的冷血罪犯。想像冷酷地殺死一個朋友必然是非常恐怖的。然而還是有些東西讓他們克服了極度不情願的心理，那是甚麼呢？他們告訴我們，是他們強烈的生存慾望，以及要活命就必須實施這一恐怖行為的認識。我同意他們的主張。但這同時意味着，假定他們早已確切地知曉殺人將會導致被處死，那他們殺死朋友的唯一理由就會不存在了，**因為那樣他們就會知道殺**

害他們的朋友並不會挽救他們的生命，反而會使他們的死成為定局。我想這樣的話會很容易阻止朋友之間互相殘殺和互相取食人肉。

我不認為有罪判決的威懾效果本身是作出有罪判決的好的理由。但由於我認為被告是基於獨立的原因而獲罪，我覺得澄清這一點是很重要的，即懲罰他會實現比純粹的報應更有益的目標。

如果這一分析不正確，處死這些探險者們不會有任何威懾效果，會有甚麼問題呢？如果相信懲罰不會有威懾效果是導致我們對本案被告作出無罪判決的理由，我們就會面臨一個矛盾。因為下一次探險者們處於同樣情境時，影響他們行為（在我們的假設下）的法律先例就會是我們的無罪判決，這只會使殺人的心理更加可能。在這種意義上，相信懲罰一個被告會威懾到其他人，就像相信我們能跳過一個三米寬的深淵一樣。認為它是這樣並不會讓它的確如此，但是認為它不是這樣會使得它的確不如此。選擇我們希望的並不會使它變成那樣。但選擇我們不希望的卻會使它會變成那樣。（如果法律表現出這些自我實現功能，我們就有了另外一個理由把它看作人類充滿風險和激情的選擇行為，而不僅僅是一個規則體系。）

法律與情感、文化不能截然分開

在已經確定被告犯有謀殺罪之後，我還要再考慮一下關於伯納姆的意見，他堅持認為我們不應該受同情感影響，他擔心那會成為各種宣告無罪主張的理由。首先，他在感情與理性之間作了一個錯誤的二分法，並且損害了他精心闡述的一致性，下面我們會說明它。第二，同情並不是鐵板一塊的，我們會同情忍飢捱餓的探險者們，但我們也可能同情過去和將來的一些謀殺罪被告，他們和這些探險者一樣具有重要的減輕情節，且一樣被判處死刑。

…法律被不平等適用…

先討論第二點：有很多資料表明，關於謀殺的制定法雖然表面上中立，卻被不平等地適用了，不利於少數族羣和窮人，儘管它降低了這些羣體中的犯罪率。這種歧視性影響與該制定法的合憲性並不衝突，但是它提出了正當的合憲性猜疑，並促使我們基於這種社會背景以及糾正其在歷史上的不平衡適用的考慮理解該法的含義。抽象地或者在其運行的真實社會歷史背景之外理解法律，只會讓我們無視法律的平等保護，並將非正義永久化。

本案被告是一個特權者；洞穴探險是一種富人的運動。他的夥伴們與他同屬一個階層；在宣告特權者無罪而判決無特權者有罪的社會背景下，他們被處死是一個小小的例外。**堅持關於謀殺的制定法也適用於該階層的被告這一原則對我們來說極為重要。**提出以極度貧窮和不利地位為由的緊急避險、非法脅迫和責任能力減弱抗辯的謀殺罪被告人在我國法院裏都被拒絕了。承認這個富有的探險者的緊急避險抗辯只會加劇法律的歧視影響，表明本法院對自身義務的漠不關心。

顯然，如果沒有合理、獨立的法律理由否決被告人的緊急避險抗辯，這種論點將會是荒謬的。但是反過來說，即使有合理、獨立的法律理由支持被告人的有罪判決，忽略這一論點也是荒謬的。

…理性與情感不應截然分離…

現在來看看第一點：在我們對被告的同情感和關於其有罪或無罪的法律推理之間，真的有本質上的差異而沒有交叉之處嗎？伯納姆真的認為他的法律推理擁有一種純粹的概念嗎？他花了很大篇幅甚至帶有感情地討論他稱此為"多元主義"（見65頁）的社會中的差異和不一致，他甚至堅持認為在法律的眼裏這些多種多樣的觀點具有同樣的效力。但是他難道沒有注意到，這一結論與他對超越宗派、超越意識形態、超越感情、超越自然和歷史的法律推理的信仰是衝突的？他實際上在告訴我們在法律眼中永無正確的答案，然後又告訴我們本案的正確答案是甚麼。他承認人們擁有不同的背景和經歷，那些東西塑造了不同的法律和政治哲學，但他又希望通過他所說的有關法律之要求的"高層次"宣告超越歧異造成的困境。他有沒有看到法律的要求本身就是一個關於不同人正當地持有不同觀點的問題？我們就制定法和先例進行推理，但是我們從老師和實例那裏學習法律推理，而這些老師和實例完全置身於歷史情境當中，並且體現着利益和社會背景的假定，我們永遠不會揭示它，也永遠不會擺脫它。我們的學習因為每人對利害關係的不同理解、對意義輕重的不同認識，以及對正確行事的不同渴望而呈現出差別。

　　沒有人可以在語境之外進行法律推理，語境總是影響着人們的推理目的和內容。語境包括這些因素：影響人們思維方式的共同體，影響共同體形成的歷史因素，渴望得到表達的人類情感，給人們提供了那些詞語的語言，要求獲得解決的問題，限制了可接受的解決方案的利益。不妨套用一下帕斯卡爾對信仰中的理性的評論：沒有理性的法律是荒謬可憎的；而受限於理性的法律是不公平的和可憎的。**少了感情，理性只能建造出死寂的營地；而缺少理性，感情就難以找到有效方式堅持不渝。**在健全而有建設性的思想中，甚至在法律中、數學裏，理性和情感是協調合作的；它們之不可分離就如同曲調與節拍不可分離一樣。將它們分離開來會使生活過分簡單化，我們常常出於某些特定的這樣或那樣的目的這樣做。這種簡單化不是由理解與精確所激發的，而是來自於原着旨主義和對複雜性的恐懼。如果法律不過是由推理規則所聯繫起來的行為規則，那它就會變得簡單些，但遺憾的是，法律和生活一樣豐富多彩。

理性不是來自於上帝，情感也非來自於 DNA。就像法律本身一樣，二者都是文化的產物。**法律不能超越於文化和整個人類環境**，當有這樣的企圖時就會產生歪曲和片面。被告人當然要被根據法律作出有罪或無罪判決，並且只能根據法律本身。但是那並不意味着，被告人只能根據理性來判決有罪或無罪，好像它就是法律的要求似的，—— 甚至也不意味着它是可能的。我們對被告的同情抑或不同情是法律推理的推動力量；我們不能從中抽身而退，如果我們試圖那樣做，就會喪失我們的人性和法律。

我選擇支持有罪判決。

12

設身處地
—— 弗蘭克法官陳詞

> 假如法官發現自己在懲罰一個
> 不比自己壞的人，他應該辭職。
> 如果懲罰被告的法官都是在懲罰不比自己壞的人，
> 那無疑是法律的恥辱。
> 這就是我贊成宣告無罪的理由所在。

如果在場的話，我會加入抓鬮。如果我贏了，我會出力殺掉那個輸掉的人，並且也會吃掉屬於我的那一份。我無法譴責——更不要説處死——一個做了我也會做的事情的人。假如法官發現自己在懲罰一個不比自己壞的人，他應該辭職。**如果懲罰被告的法官都是在懲罰不比自己壞的人，那無疑是法律的恥辱。**這就是我贊成宣告無罪的理由所在。

我不能肯定我能否把我本來會做的事和我希望我本來會做的事區分開來。我希望我可等到確實需要因緊急避險而殺人的最後一刻。但是我也希望我會極力主張用抓鬮的辦法來選擇一個受害人，公平地承擔風險。我也希望自己擁有出一份力的勇氣，並在殺人時充分表現出來。最後，我還希望我有吃人肉的食慾，挽救自己的性命。或許我會因為虛弱而畏縮不前；但我不會故作鎮定。但是如果我不能譴責那些做了我也會做的事情的人，那麼我就更加沒有理由因為他們做了我希望自己會做的事情去譴責他們。

我聽到我的同事們在問：我這樣說有何權威依據？我的理由是甚麼？我聽到他們在反對：我沒有提出任何法律觀點，我只是在說我也會做的事情，以及表達阻止我譴責不比我壞的人的顧慮。

我要回答的是，我完全可以讓自己的反對意見披上法律的外衣，但是另一項顧慮使得我沒有採取這種逃避辦法。斯普林漢姆的長篇大論表明，給我的反對意見披上法律外衣並非易事。實際上，我採取斯普林漢姆的立場，但並不同意他的觀點。不用法律外衣掩蓋我在處理本案時起主導作用的激情對我來說意義非凡。看一看海倫法官和戈德法官之間的分歧吧。海倫實際上說，她會殺掉威特莫爾，而戈德則說她不會。但是她們用阻止犯罪的法律語言包裝了這種自傳體式的意見。我們不知道懲罰這些探險者會不會阻止其他不幸的人們在將來也墮入同樣的困境之中，但是我們知道那會阻止戈德那樣做，而不會阻止海倫——這大約也是她們所說的。

我們可以推測對四個探險者——或許是五個——判處死

刑會不會阻止我們將來那麼做。我並不是在批評這種想像。相反，我認為想像我們在一個假定的情形之中會如何行為是倫理生活的必要部分，並且也構成仁慈、友誼、同情、憐憫、寬容、公正等品質的基礎。我的觀點是，這種想像或者自傳體式的意見在以阻止犯罪為幌子加以討論時合乎法官的真實職責，在得到坦率承認時亦同樣如此。

在這種意義上，本案一點兒都不"疑難"。我知道我希望我自己在洞裏幹甚麼，也知道從良心上我不能懲罰做了我也希望做的事情的人。但是在另外一種意義上，本案的難度如此突出和不尋常，以至於在我的法官生涯當中，我第一次感到有必要拋棄司法客觀性的面具，依靠無任何矯飾的自我意見來斷案。

我贊成宣告無罪。

13 判決的道德啟示
—— 雷肯法官陳詞

> 如果刑法的首要社會功能就是
> 保護公民們免受犯罪所帶來的傷害，
> 那對心理免責事由的繼續承認會加劇問題，
> 而不會有助於問題之解決。

嚴格懲罰犯罪是預防犯罪最有效手段

特朗派特法官認為緊急避險與這一案件毫不相干，探險者們的罪名成立，這一結論是正確的，但是得出這一結論的理由卻是錯誤的。他爭論說，謀殺罪的緊急避險抗辯與生命的尊嚴不一致，但即使確乎如此，這種意見也僅適合到講道台去講，而不宜在法院發表。緊急避險之所以與本案毫不相干，其理由在於，即使本案中的殺人行為極其必要，紐卡斯國懲罰那些殺人者也是合理的。

斯普林漢姆法官恰切地描述了緊急避險的一項法律功能，即它否定了犯罪意圖。這使它成為一個免責事由。在我看來，它也可能是一個正當理由，證明被告人選擇了較輕的罪惡。緊急避險可以同時是這兩種，去爭論它到底是哪一個，就好像它只能是其中之一，既徒勞無益，又偏離問題之關鍵。

就其否定了犯罪意圖而言，我們可以把緊急避險稱 為一種"心理抗辯"。在本案中，它確認該被告缺乏立法機關所欲懲罰的心理狀態。因此，如果被告主張緊急避險，那就承認了他實施了立法機關欲禁止的行為。

現在的問題就是，如果一個被告人實施了一個被禁止的行為，但同時又沒有一種可懲罰的心理狀態，那麼我們應該判決其有罪呢，還是宣告其無罪？對這一問題的慣常回答是我們應該宣告無罪，但是根植於我們社會的道德、法律和政治標準決定了，這種慣常觀點有很大的問題。本案給我們提供了一個很好的機會來推翻這一慣常規則，從而更忠實地遵守我們共同的標準。

如果我們不承認心理的或者意志力方面的任何理由，對所有那些實施了受禁止行為的人都進行懲罰，那麼我們就實現了三項具有重大社會意義的目標：首先，我們將會把大街上的危險分子一掃而光。第二，我們會縮短審判時間，讓懲罰來得更為迅速且少有遺漏。第三，我們將會有力阻止其他人作出同樣的行為。無數的研究表明，**同懲罰的嚴厲性相比，懲罰的迅捷性**

和必然性在防止犯罪方面更為有力。

…廢除免責事由有助減少犯罪…

如果刑法的首要社會功能就是保護公民們免受犯罪所帶來的傷害，那對心理免責事由的繼續承認會加劇問題，而不會有助於問題之解決。假如"免責事由亦有理由"，那它也是源於次要社會政策的，它沒有保護公民免受犯罪侵害的社會政策那麼重要。

我們不願去懲罰那些缺少必要心理狀態的人，背後的理論基礎是：懲罰的威脅並不會威懾到兒童、精神病人、或者因為無知、錯誤、強迫或者緊急避險而做出某種行為的人。的確如此，但這是不搭界的。根據得到證實的有害行為對這些人進行懲罰，會保護我們以後不會再受其擾，同時也會阻止其他人犯罪。如果公民們知曉**刑事審判中不會承認任何免責事由，只要做出受禁止的行為就會被定罪**，那我們可以肯定地說，努力遵守法律的人會比現在多得多。

相反，如果公民們知道自己可以使用某些心理的或者意志力免責事由，那麼許多人就會不那麼害怕刑罰了，而且，許多並沒有資格運用這類免責事由的人會通過使用狡猾詭辯的訴訟策略被無罪開釋。大多數心理或者意志力免責事由甚至連專家都無法確切界定，或者無法以堅實的證據證實有還是沒有。因此，正如最近這些年裏我們已經看到的，允許使用這些免責事由會導致當事人熱衷於使用陪審團諮詢、民意調查、專家作證、症狀記錄、對指控吹毛求疵、轉移指責、否認責任，反指控等辯護手法，從這些免責事由中漁利。

如果我們傾向於接受廢除心理或者意志力免責事由的原則，我們無需説懲罰兒童或者精神病人本身是好事。我們只需説，這樣做的好處大於其成本。如同所有的懲罰一樣，對他們進行懲罰或許是令人遺憾的，但仍然是正當的。假如一個被告人實施了受禁止的行為，但是可以證明患有精神病或者是出於緊急避險而為，那我們就要直面價值的衝突，無需自欺欺人地説案件非常簡單。廢除那些免責事由的原則並不否認這種衝突是真實存在的，它僅僅是用一種方法而非另一種方法解決了這一衝突。但是，大多數公民都會同意，與僅僅因為做錯事的人缺乏所謂犯罪意圖那一模糊不明的心理狀態就讓他們逍遙法外相比，減少犯罪是更為重要的社會政策。

同樣，在支持這一原則時，我們也無需説威懾是刑罰的唯一甚或首要的理論基礎。我們需要説的僅僅是，它是懲罰犯罪的真正基礎。這裏和其他地方所援引的支持這一基礎原則的論據已足以顯示威懾的重要分量。其他可能內在地承認各種免責事由和正當理由的理論基礎，則必須通過社會利益的細緻比較來證明自己的重要性。

這一論點既適用於免責事由，也適用於正當理由。與確定被告有沒有一種大概的心理狀態一樣，要確定被告是否選擇了一種相對較輕的惡也會遭遇重重矛盾，引發詭辯、吹毛求疵和專家意見分歧，並且因此導致問題之解決成本高昂，而且結果任意多端。

犯罪的社會成本非常之高，它造成財產的減損、防止和偵查犯罪的科技投入、保險賠付、警察薪水、代理人費用、監獄和法院的成本、心理創傷、機會損失，以及我們支付高昂代價換來的措施和機構使生活受到約束和損害。**減少大量犯罪對於社會財富和幸福的巨大貢獻，與大幅度減少疾病或者戰爭的貢獻同樣巨大。**當然，有些罪犯比較不幸，但即便是他們也會選擇減少犯罪，生活在一個大幅度改善了的社會中，而這種社會的形成依賴於他們像一個公正的憲法締造者那樣作選擇，不去考慮可能把他們帶上犯罪道路的現實社會中的災禍、壓力和利益。較保留心理和意志力的免責事由而言，廢除它們在道德上更為有益，在物質上更有利於促進生產和高效配置資源，在政治上亦更可接受（這建立在更為廣泛的同意基礎之上）。在民法中，過錯制度可能最能滿足這些標準，但在刑法中，無過錯制度最能滿足這些標準。

我們提出的原則會使犯罪行為的嚴格責任成為一種常態而非例外。但是我覺得"嚴格責任"這一措辭會在未加闡明的情況下損害傳統的法律思想。因此我傾向於將這一原則的理由建立在減少犯罪和使社會滿意度最大化的強大基礎之上，而不使用具有煽動性的標籤。

但是本法院又一次拒絕了廢除犯罪行為的免責事由和正當理由的建議。所以目前我不得不斷定，如果緊急避險被證明是成立的，它足以判決被告人無罪。因此，我同意伯納姆和戈德法官的意見，即本案被告並非出於緊急避險而殺人。

被害人再等幾天的請求被漠視

有幾位同事懷疑懲罰被告人會不會"實現"關於謀殺罪的法律的"目標"甚或刑罰的目的。伯納姆法官沒有回答這一問題，戈德法官的分析雖然正確，但是對防止犯罪的討論還不夠，不足以說服——比如——弗蘭克法官。我要就威懾問題說上幾句，儘管我知道那肯定不足以說服像弗蘭克那樣的人，他到目前為止放棄了他願意承認的理由。

…懲罰犯罪是對理性犯罪的威懾…

懲罰犯罪最為合理的根據是，防止犯罪人佔守法公民的便宜。遵守法律的好公民安詳而溫和，這既是他們守法意願的原因，也是其結果，因為法律禁止暴力。但是社會上大部分拒絕暴力的公民為那些不安分的公民製造了機會，拒絕暴力的人們很容易成為受害人。在這種意義上，良好法律和善良公民創造了誘惑滋生犯罪並為之提供機會的溫床。阻止犯罪的自然因素是不存在的，原因非常簡單，這種犯罪是理性的，罪犯通過犯罪行為所獲得的遠遠超過其所失去的。（如果缺乏一種特定的阻止因素，即使每個人都是聖潔的，我們也無法避免這種犯罪，除非聖徒是非理性的；但是無論如何，讓每個人都成為聖徒並不是這一問題的"自然"解決方案。）唯一的阻止因素就是並非天生就有的、人類所發明的懲罰。

好人誘發犯罪是真實的，儘管有些自相矛盾。但是斷定唯有懲罰才能讓罪犯三思而後行，則毫無矛盾之處。沒有懲罰，犯罪就是值得的，利害得失的算計者就會被誘惑去犯罪。

衝動的行為人不會受到任何法律條款的威嚇，但是理性的行為人會受到懲罰的威懾，這種懲罰的嚴厲性雖然被實現的可能性打了一點折扣，但仍然超過了可以預期從犯罪行為中獲得的利益。另外，有點不可思議的是，懲罰犯罪傾向於將衝動的行為人變成可以受到威懾的理性的人。（但是這種轉變是緩慢並帶有偶然性的，因為衝動的人不夠理性，不會被理性的考量迅速改變過來；這種轉變要在眾多的人口中，經過很長的時間才能顯現出來，而不是在個體身上表現出來。）

守法的人們給彼此帶來和平和自由，這是公民生活的至上之善。同時，他們除了給罪犯帶來和平與自由之外，還給了他們唾手可得的作案機會。如果這種雙重獲利的確存在，那將會誘使所有的理性行為人變成罪犯，至少起初會是這樣。但是理性行為人將不得不思考，如果他們都犯罪，那任何人都既不再擁有和平與自由，也不會有唾手可得的作案機會。

…甚麼是"囚徒困境"…

將是否守法說成是一種囚徒困境，是一個不太專業的說法。囚徒困境這一術語來自被警察關押的兩個共同犯罪的囚徒的情形。假定除非有一個人提供證言，否則警察只擁有充分的證據去指控他們犯了一個較輕的罪行。如果兩人被分開審問，那每一個人都必須決定，是背叛他人挽救自己，還是撒謊辯解，並且希望同伴也這樣做。如果彼此支持，都向警方撒謊（如學者在談及此問題時喜用的說法是"如果他們合作"），他們都只會受到較輕的罪的指控，最終被判輕微刑罰，比如，一年。如果他們彼此背叛（如果他們都變節），每人都指證對方犯有一個嚴重罪行並且願意作證，那他們都會被定罪，比如，每個人都要在大獄裏頭呆上三年。如果其中一個背叛了另一個，而另一個人沒有背叛對方，那麼這個背叛者就因為告發別人而被豁免釋放，另外一個倒霉蛋則因為被抓住撒謊，被判了那一嚴重罪行的最高刑罰，比如說，五年。體現我們剛才所做的假設的表格或者支付矩陣見下圖。

		罪犯 B	
		合作	變節
罪犯 A	合作	A 獲刑 1 年	A 獲刑 5 年
		B 獲刑 1 年	B 獲刑 0 年
	變節	A 獲刑 0 年	A 獲刑 3 年
		B 獲刑 5 年	B 獲刑 3 年

當然，具體的數字不一定非要是為了舉例而選擇的那些數字；但是相對的數量必須與此處所舉的例子一樣。出賣合作者的背叛者的結局比共同合作者的結局好，而共同合作者比雙重背叛者的結局好，雙重背叛者又比被出賣的合作者的結局好。被出賣的合作者是我們最為關心的一種人；讓我們簡短地稱呼他們為"笨蛋"。

遵守刑法是一種囚徒困境，因為最大的利益讓利用或背叛守法公民的犯罪分子攫取了；他們享用着自己攫取的好處，又享受着守法者所帶來的和平與自由。第二大獲利的是守法者，或者合作者，他們給彼此帶來和平與自由，但是沒有犯罪所帶來的好處。再次是互相侵害的犯罪分子，他們享受着自己帶來的好處，而不是從別人那裏拿來的好處，並且當然也沒有守法所帶來的和平與自由。處境最慘的則是那些"笨蛋"，即受犯罪所害，享受不到因自己犯罪而得到的補償的守法公民。

我們討論囚徒困境的技術細節的原因就在於，它能簡潔而又精準地確立以下命題：(1) 只與合作者進行合作是理性的；(2) 背叛背叛者是理性的；(3) 守法公民會成為笨蛋；(4) 假如背叛是理性的，那麼除了與之相當的懲罰以外，沒有任何威懾力量。

如果我們接受了被告人出於緊急避險殺人的意見，我們一定要判決他無罪嗎？如果這是理性的背叛者把守法的合作者當成笨蛋的那種犯罪，那麼為了讓背叛的成本比合作的成本更高，威懾未來處於相同情形下的那些理性背叛者，懲罰就是正當的。

…本案也是一種"囚徒困境"…

現在我們可以假定探險者們是理性的成本收益計算者。其中一個證據就是他們花了很長的時間去討論抓鬮的數字問題。另一證據是，即使是輕率魯莽的人都傾向於尋找自己的優勢並爭取得到它。因此，如果這些探險者們是理性的罪犯，那麼問題就變為，他們是不是需要懲罰的那種罪犯，也就是説，是不是利用了守法公民的是非之心的那種罪犯。

答案是肯定的。探險者們表明，他們殺了一個不想殺人的人。他們自願背叛了一個合作者，想把一個守法公民當成笨蛋。當威特莫爾退出抓鬮，並表示他想再多等一個星期時，他實際上説的是，他希望遵守法律，而不是去謀殺。這至少使得他們在一週內不會受到威特莫爾的威脅。但是他們是如何運用自己的安全和自由的呢？他們利用了這種安全和自由，代價就是殺掉一個使之成為可能的人。

這是背叛者利用笨蛋的經典案例。因此它也是這樣的一個經典案例，其中懲罰是正當的，目的在於使背叛的成本不斷攀升，直到超過合作乃至做笨蛋的成本。當且僅當那時，我們才能期望一個理性行為人選擇合作。只有懲罰才能讓這種情形下的理性行為人遵守法律。

正如分別受審的犯罪夥伴感到囚徒困境的壓力一樣，公民們在決定是否遵守法律時也會感到我們已經描述過的那些壓力。但是我們當然無須聲稱公民們和囚徒們都清醒地計算出了細緻的利害得失矩陣，我們只需說，歷史表明，促使假定的理性的得失算計者遵守的法律，從長期來看往往也能被現實人類所遵守，即便有慾望、利益、遁詞、妄想和誘惑干擾着他們理性思考。

意識形態不應左右法律

在結束之前，我還想回應一下海倫法官，她試圖通過推翻聯邦訴沃爾金案來強化緊急避險抗辯。她宣稱，沃爾金案的判決是錯誤的，因為它反映了法院和刑事司法體制的"階級偏見"。她希望用一個法律原則來代替它，該原則確認當私人慈善機構不足以改善貧困時，國家有責任採取行動，並且為實施犯罪行為的"絕望窮人"開脫，因為國家沒有很好地履行自己的義務。

她反對沃爾金案是因為該案立足於意識形態而非法律呢，還是因為它立足於壞的意識形態而非好的意識形態呢？她認為國家應該改善貧困並且寬恕因它所未消除的貧困造成的犯罪。確切地說，她的這種觀點並未寫進我們的憲法。它並非法律，而只是一項政治建言，是一種政治意識形態。因此，如果她反對沃爾金案是因為它是意識形態的，那麼她亦必須反對自己的替代方案。如果她反對該案是因為它是一種壞的意識形態，那就承認了她自己的選擇也僅僅是另外一種意識形態。無論是哪一種，她都削弱了自己的建議。

所有這一切是最具有諷刺意味的，因為她知道伯納姆反對司法造法，反對司法訴諸於法律之外的正義，她試圖明確回應這種反對意見。但是她對伯納姆的回答僅限於聲稱法官應盡可能採用更好的政治意識形態，因為它會讓法律跟理想正義離得更近。這即是說，法官應該像立法者那樣行為，而這正是伯納姆所反對的。海倫不但避開了我們法律制度中法官的有限與適當角色的問題，她還試圖確立一個先例，這個先例其實會反對她自己的正義觀。因為如果她所偏好的意識形態體現在立法之中，她會希望司法機關忠誠不二、前後一貫和自我約束地加以適用，而不是推翻、事後批評或取而代之。出於同樣原因，她試圖確立的先例，會讓人們希望立法可以體現正義的想法落空。

對於海倫法官所說服的公民來說，如果她的意見朝更為公正的法律制度邁出了實質性的一步，即使違反了司法宣誓和民主精神，那也沒有甚麼關係。遺憾的是，我認為她的意見並沒有邁出這一步，但是要說明此點，只能模仿她將司法意見委諸空泛的個人政治觀點。這是我所不願做的。但是我可以合乎邏輯地認定，她的論點是一種標準的特殊訴求。她認為有諸多理由去反對沃爾金案判決而贊成一種替代方案，好像人們提出的其他法律原則就找不出一些理由似的。她有沒有考慮過贊成沃爾金判決、反對她的選擇的理由呢？從來沒有。她比較過福利與市場，或者管制與效率，對窮人表示同情並提升他們的生活質量嗎？也從來沒有。她提出了一種偏好，但是沒有論據；她是一種思想的狂熱支持者，而不是一個尋根究底的人；儘管她談到歧異與多元，但她並沒有認真地考慮這種不一致。歷史告訴我們，這種煽動之詞從來不會有甚麼好的社會影響。如果有好的影響的話，那麼歷代人的經驗結晶就會告訴我們，讓如她一般的非凡天才，而非歷代人的經驗結晶來設計我們的政治制度。

法官怎能藉常人之心履行職責？

最後，我必須對弗蘭克法官的奇談怪論做出回答，他認為不能懲罰一個做出他自己在相同情形下亦會做出的行為的人。根據這種觀點，要想有效地實現正義，法官必須要成為天使。但是，恰恰相反，法律的首要假定就是法官也是凡人；這一簡單事實實際上解釋了法律的所有困難、有趣和重要之處。**法官不需要擁有罪犯所缺少的品質。他們所需要的品質是，清晰準確**

地理解法律，並勇敢和前後一貫地適用法律。如果有這樣的品質，那他們的其他缺陷無論如何之多或者如何反社會，也不會影響到他們的判斷。我可以毫不費力地設想因為某種我也擁有的缺陷去懲罰被告人。假定我在週末吸食大麻。我可能對自己的這一缺點感到悔恨，並且希望自己可以戒掉。或者我也可以支持立法機關，希圖以刑法來禁止我和別人的這一惡習。我甚至還可以為我的癖性而感到自豪，同時滿腔熱忱地支持改變這些法律，但我仍然認為自己作為法官的義務就是服從立法機關的決議，只要其行為沒有僭越憲法權威。出於其中任何一個理由，我都會判定一個違法使用管制物品的被告人有罪。這不會讓我成為一個偽君子，但會讓我成為一個好法官。好法官要擱置個人的弱點，根據法律和案件事實作出正確判決。弗蘭克法官的躊躇不定將會摧毀我們希望擁有一個法治政府而非人治政府的所有理由。此外，他暗示，在迄今為止他做出對被告人不利判決的所有案件中，他總是"第一個發難" —— 這一宣稱既難以置信，又毫無必要。

我投票支持有罪判決。

14 利益衝突？
——邦德法官陳詞

> 案件疑難意味着法律幫不上忙，
> 法律缺位意味着自由裁量權無可避免，
> 自由裁量權意味着超乎法律之外的道德標準
> 必須納入到案件解決過程中來。

我迴避的理由

這個案子我得迴避。四十五年前，當我還在做執業律師的時候，我的律師事務所的一位原合夥人代理了一件案子，主張一種電壓表的專利不能成立，這種電壓表被用於製造洞穴探險者的無線電設備所使用的電池，但是官司輸掉了。部分由我個人的資金聘請的一個私家偵探證實，有專利權爭議的這種電壓表，常被用來例行檢測五十年前探險者們的無線電設備裏使用的那種電池的電量。

我本可以就此打住，不再作聲。但是，不只一位我的同事私下裏反對過我的決定。他們基於兩個方面的理由：第一，我跟這個專利權訴訟的案子實在沒有甚麼關聯，不應當迴避；第二，那種電池跟這個案子本身沒關係。對於第一個理由，我不作評論。在我們聯邦裏，法官憑自己的良心，只要覺得真是有或者明顯有利益衝突，自己就可以迴避，即便其他敏感人士或者知悉此事的人並不這麼看。來源於一個人良心的指令，不同的人並不必然相同。即便相同，憑良心去迴避也得不到我們法律的支持，我們的法律只支持有法律理由的迴避。

但是，在第二個方面，我非同尋常地詳細解釋了我迴避的理由。面對這樣一個媒體密切關注的具有重大法律意義的案件，我必須說清楚我不是害怕面對一個困難的判決。這樣，各政黨和公眾才會理解我。我只講那些非常必要的理由，把與電池的關係說清楚就行了。我不會濫用迴避權。否則，雖然名義上不插手判決，但實際上還是給出了我自己的意見。然而事與願違，關於與電池關聯度的說明，還是沒法簡短。

自由裁量權不可避免

⋯這是一樁疑難案⋯

我的同事各有各的看法，有的認為這樁殺人行為屬故意，有的認為這樁殺人行為並非故意。不同觀點的截然對立本身也足以證明，他們爭論的是政策，而不是語詞。用來修飾限定謀殺的"故意"一詞有一種規範的、標準的含義。就既定和標準的含義而言，其核心意思在於有預謀、有意向和自願。但是正如其他每個形容詞一樣 —— 比如，"禿頭的"或者"個兒高的" —— 這個詞的外延開放，使用範圍很寬，確定不下來。因此，我們不敢肯定這個詞是不是使用正確。如果一個人的髮沿兒已經往後退了很多，我們可以稱他"禿頭"或者"不算禿頭"。我們愛怎麼就怎麼，不會去想有人指責我們說錯了話。

這個案子恰恰就涉及"故意"這個詞使用範圍的開放性。我們稱這樁殺人行為是"故意"或者"非故意"，都不會導致誤用這個詞。法官們的歧見也充分證明了這一點。要知道，法官們都學問精深，使用的又是母語。（如果伯納姆和戈德法官認為"故意"一詞用來形容這樁殺人行為很正確，而斯普林漢姆和海倫法官看法相反，那麼這個詞清楚的含義究竟有多清楚呢？）但是，如果在語言上把這樁殺人行為稱為"故意"或者"非故意"都同樣忠實於事實的話，那麼這表明，我們不能再指望從"故意"這個詞當中獲得下判決的甚麼指引了。

然而，我們關於謀殺的制定法正是通過故意這個概念來認定有罪或者宣告無罪的（在應該剝奪生命的時候，正如這個案件）。如果我們不指望從"故意"這個詞中獲得進一步的指引，那麼我們也不能指望從立法當中獲得甚麼指引。在這起案件

中，我們的法律十分例外地插不上話、束手無策。這麼看來，
這是我們稱為"疑難案件"的一個極好範例。

…法律允許負責地適用自由裁量…

　　給一個相關法律規定模糊、不一致或者法律沒有規定的疑
難案件下判決，唯一的辦法就是找到法律之外的一個道德標準。
這並不是嘲諷或者煽動的說法。眼下，它不過是清楚說明了案
件疑難的後果。**案件疑難意味着法律幫不上忙，法律缺位意味着
自由裁量權無可避免，自由裁量權意味着超乎法律之外的道德標
準必須納入到案件解決過程中來。**然而，求助於一個法律之外的
道德標準，把那些具有某種政治傾向性的同事給嚇壞了，因為
這個辦法打開了通向法官造法的大門 —— 在很多國家裏，這是
一個職業上的禁忌，也是我們過去革命、流血和痛苦的一個緣
由（參見上面 27 頁基恩法官的意見）。

　　但是每一個這樣的疑難案件都不可避免地打開了這扇門。
這扇門其實是事情本身的性質決定的：立法者也是人，他不可
能用一張法律之網將複雜多樣的生活盡數囊括其中。即便立法
者慧海無邊，他們也會受到自身語言的限制。立法者必須用語
詞來表述他們的規則，但是由於其質的規定性，語詞所蘊涵的
語意無非包括其核心意思和周邊開放空間所包含的意思。生活

的種種情節不可避免地會落入這種語詞周邊含義構成的開放空間中去。在本案遇到的情形當中，立法者沒有細緻充分地闡明紐卡斯國在判決被告人犯有謀殺罪時所必須證明的心理狀態。在另外一些疑難案件中，立法表述不夠精細的問題還有別的一些表現。但是，沒有任何一種可能的刑法典修正案可以充分涵蓋生活中的全部可能性，可以徹底修正原先立法中的語辭模糊和外延開放的問題。

因此，我的那些害怕司法自由裁量權的同事，就像那些怕死的人一樣。他們都在害怕無法避免的事情。解決的辦法不在於對不可避免的情勢嚴加防範——這是明顯幼稚的應對措施——而在於平息我們的恐懼，承認自由裁量權不可避免，竭盡全力去避免濫用自由裁量權。**自由裁量權確實含有法官冒用或濫用的風險，但是負責任地運用它，並不會必然變成自由裁量權的冒用。**

雷肯法官的意見巧妙地但也是無意地體現了我的觀點。他害怕以司法造法為名義的自由裁量權，並批評海倫法官求助於它。但是他自己又求助於它，説明了自由裁量權是無法避免的。因為如果海倫有關貧窮、社會正義和國家責任的結論反映了他的政治意識形態而不是當下的法律。那麼雷肯關於廢除心理免責事由的建議、對於無例外嚴格責任規則的偏愛，乃至他賦予減少犯罪目標的優先性，又是甚麼呢？

對於伯納姆和雷肯而言，自由裁量權是要不得的。不是因為它礙手礙腳，正相反，是因為它讓法官無拘無束。但是如果按照伯納姆和雷肯的意思辦，並不可思議地不讓法官採用一種允許通情達理的人們自由提出異議的方法，司法的事業將會走向停滯，即便他們可能會拿更符合他們喜好的法官來替換掉他們認為是僭越者的法官。在這種情形下，法官們只會適用那些可以機械適用的法律。但是有人可以舉出這種法律的例子嗎？只要有一個字需要解釋便不能適用制定法的法官們，當然也是判不了疑難案件的。這樣被迫退避三舍，難道就是他們津津樂道的法官們應當扮演的適當角色嗎？（參見 65 頁伯納姆的意見，以及 171 頁雷肯的意見。）

斯普林漢姆法官辯解說，成文法的解釋，若不屬機械解釋，則是在一些標準的指引下進行的；因為法律已經包含了所有相關的標準，我們不需要求助於自由裁量權或者法律之外的別的規範來判決，即使是疑難案件亦復如是。這就是說，法律絕不會有模糊、缺位和不一致之處，相反它是無所不包、複雜精緻的。但是我們有點咬文嚼字。因為，一方面，當依已經存在於法律當中的標準，無須機械判斷時，法官是自由的，而這恰恰就是"自由裁量權"的題中應有之義。另一方面，當依已經存在於法律中的標準，需要作出判斷而無須法外規範襄助時，這個過程確實是機械的。但是，在司法實務中，這個過程不會是機械的，因為法官也是人，他們時間、能力、學識和才略不足以將卷帙浩繁的法律中的所有相關因素聚合起來，並最終水到渠成地得到一個正確的結果。不過，如果真能這樣，堅持說法律已經包含了所有相關的標準——就算這些標準是對的——仍然毫無意義。因為法官是人，能力有限，他沒法弄清所有這些標準，在法律模糊、有漏洞或者前後矛盾的情況下，法官們還必須創造性地開發出一些可資適用的標準。新設創造性的標準，也恰恰是“自由裁量權”的題中應有之義。

儘管我已經將自由裁量權同僭越司法權區分開來以安撫那些害怕自由裁量權的人，我還是相信比起安撫恐懼感來說，更有建設性的是用信心和勤奮來消滅這種恐懼。我一點兒不擔憂自由裁量權，相反我歡迎它。**自由裁量權本身足以讓我們發現在法律模糊、缺位、不一致造成的疑難案件中（根據定義），恰當的判決存在於何處。**如果一個疑難案件是由於立法者不曾預見或者不曾用立法語言作出決斷造成的，那麼這個案子的疑難意味着法官將“第一次”檢視這個案件帶來的爭議焦點，如果確實必須要有人去檢視的話。這就使得自由裁量權成為一種發現恰當判決何在的寶貴機會，而不是一個令人沮喪的可能會僭越司法權的冒險行動。自由裁量權讓我們直接面對讓一個案件變得困難的特別之處，並針對個案和難點製作出解決方案。

也許有人會反駁說，這種案件並非完全不為司法機關所預見。在探險者案I發生後，建議修改有關殺人罪的立法的提案已經提給了立法機關。立法機關在反對意見中說，實質上，現行關於殺人罪的立法足以對付這些不尋常的情形。比較起來，在探險者案I中，沒有理由做出這種立法意圖的聲明。儘管因為立法機關意識到了洞穴困境，所以這種觀點是有事實基礎的，但它並不意味着確切的立法意圖要使得自由裁量權成為不必要。立法機關的本意是在這種情形下探險者有罪應當被處決？我們不敢下這個結論。看起來，立法者多數對探險者案I的結論是滿意的。但是，有遊說團體希望修改立法以確保對這類案件能作出有罪判決，也有遊說團體希望判決無罪；立法機關未修改法律可能是因為這兩種影響互相抵消和中和掉了。另外，立法機關知道，制定法的字面含義是支持應無罪開釋的幾種合理説法的。基於此，對探險者案I的結論滿意的多數派，有理由修改制定法，以確保其立法意旨將來不會被誤解。因此，立法機關不修改法律要麽會讓人們懷疑多數派的立場到底是甚麽，要麽讓我們又去面對探險者案中我的同事們所面對的不確定性。不管是哪一種，我們必須忽略這種明確沒有修改法律所造成的複雜問題，思考問題時假設立法者沒有表明任何可以指引我們的立法意圖。如果要縮小自由裁量權，那麼我們無法依靠寥寥無幾的幾個被反覆討論過並被擴大解釋的表明立法者意圖的細節；也無法依靠有所歪曲的對其他法律部門的規則的類比——所有這一切都是為了支持我們一廂情願的想法：認為立法機關事實上的確對這類案件有某種傾向性。但是，一旦我們確認這是一個"疑難案件"後，就眼下這個案件我們所知的，是立法機關事實上從未預想到此案，不曾研究過這個案子中的爭議焦點，也不曾就被告在這類案件中是否是殺人犯、應否受到懲罰下過結論。因此，在疑難案件中，立法機關的傾向性不存在，對於法官來説，針對事實和爭議焦點的司法考量才是唯一可行的出路。

關於自由裁量權的這個觀點可以很好地回答基恩法官提出來的質疑。他認為，成文法要求我們治探險者的罪，但即便這麼做，我們在道德上也對此有所保留。當他承認他自己在道德上有所保留的時候（見 26 頁），他似乎因為治了探險者案 I 中四個被告的罪而感到有點高興。他甚至堅持認為，對於法官而言，不問後果地執行惡法，"也許具有特定道德價值，因為它可以使人民認識到自己對最終意義上由自己創造的法律應承擔的責任，並提醒他們沒有任何個人的恩典能減輕他們的代表所犯的錯誤（見 34 頁）。"簡言之，法官應當盡力促成不公正立法所造成的非正義。只有這時人們才可能清醒，才會迫使立法機關改變所立之法。他辯解道，這樣做比法官自己來改變法律規定要好，好像這兩者是非此即彼的。

好在自由裁量權有個好處，它不會在很大程度上"改造"法律，讓不確定的邊緣地帶也變得確定。借助自由裁量權，如何把法律適用於某種尚未預見的案件的方案，就可確定下來了，而不是相反。這是司法權該幹的事兒，因為它是把一般性規範適用到具體的案件當中去。如果立法機關的確修訂了法律，這仍會留下新的開放性的解釋空間，還是需要運用司法自由裁量權才能解決問題。基恩力圖靠他那些抽象的原則來將四名被告正法。這樣做的確會喚起公眾的注意，並進而促使修訂法律，儘管修法不會成功。要知道，在一個文明進化已到相當程度，可以在法院之內解決爭議的聯邦裏，我們不會通過人的犧牲來換取法律的改進。

…新"社會契約"源自被當前法律的拒絕…

上面已經證實，儘管自由裁量權有危險性，但是它仍是不可避免且值得歡迎的。現在，我應該仔仔細細研究些相關的道德和政治原則了。這些原則對審理本案的好法官的自由裁量可能會有指引作用。但是，為了將論述的範圍僅限於無線電電池之於本案的相關性，我只能詳述這個研究當中的一小部分。

不止一個同事發現這一事實與本案有關聯，即從大螺旋之後第一階段之中的浩劫裏活過來的人訂定了明明白白的契約，建立了我們的聯邦政府。但是，正如所有的社會契約理論家認識到的那樣，除非原來訂立契約的各方有權退出他們所在的國家或者主權範圍，解除同原先政府的關係以同別的政府建立新關係，否則一張社會契約是不能造就一個政府的。但是，如果我們的先人可以從他們原先的國家或者主權國那裏脫離出來，那麼現在的紐卡斯國國民也可以這麼幹。因為，還有一種社會契約學説認為，建國的那一代人並不會擁有比他們的後代更多的自由。

説到這兒，我就要引用福斯特法官宣揚的論調，他是第一個宣揚這種論調的人。他認為，這些探險者在他們的洞穴裏為他們自己擬定了一個所謂新的政府憲章（見 10 頁）。可我説得更直接、更明白：**這些探險者脱離了紐卡斯國的統治並在洞穴裏建立了一個新的社會契約。**一個擁有不同歷史的國家也許會嘲笑我們竟抱有這樣的理論。但是對於紐卡斯國人民來説，人們退出一個國家並建立一個新國家的場景，並非是一個愛國故事或者神話傳説，而是我們用來告訴大家我們遵守法律是因為合意和契約的最基本辦法。對於我們而言，我們遵守法律的義務並非絕對，並非源於理性或者上天。這個義務源於在某個時間點上發生的實實在在的歷史事件，這類事件可能還會再次發生。正是這種退出與重建，放棄和重聚，革命和復辟，說明着我們的法律和國籍，在眼下這個案件中我們也能看到其微觀體現。

簡而言之，**探險者在洞穴裏展開了一場和平的革命。**在決定這是甚麼造成的時候，我必須小心謹慎，不能跨越我的許可權給出一個絕對的意見，比如，斷言這種不流血革命意味着他們不再歸紐卡斯國的刑法管轄。

在他們制定我稱為社會契約的那個章程時，他們通過無線電請求聽到對他們抓鬮計劃的法律評價。這表明他們願意，甚至是渴望，遵循紐卡斯國的法律。他們提出要求的鈴聲響過了，但是聯邦沒有回應他們的詢問。他們見政府沒有回音，就關掉了無線電，自主決定是否採納同他們原來所在的紐卡斯國的協議各個不同的新協議。在主動關掉無線電三天之後，他們殺死了威特莫爾。在那三天裏，我敢肯定，他們為脫離紐卡斯國的法律並制定了決定人們生死的替代的法典舉行了某種正式儀式。

我想，對此看法的反對意見有三個。

1. 如果他們通過無線電可以知道並遵守紐卡斯國的法律，那麼他們不會退出原來的國家組建新國家。

這個觀點忽略了事情發生的先後順序。是的，他們是一開始就力圖遵守我們的法律。但是當他們這麼做卻不能從我們這裏得到幫助的時候，他們作出了新的不同以往的決定。他們再也沒有甚麼興趣來詢問我們的法律。因為後來發生的事情，他們最初的意願來了個一百八十度的大轉彎，不僅如此，很明顯，是聯邦未盡到義務才讓他們改變看法的。大而言之，我們國家的法官和官員們，也就是我們，必須負起責任，是我們拒絕他們進入我們法律的門。我們的牧師也沒有對探險者的要求作出回應，他們也一樣有責任。這兩次錯誤，造成探險者們既沒有宗.上的規範可依，也沒有國家的法律可循，他們只好依靠自己制定的規則——一個新的社會契約。

2. 立法機關的鉅額撥款部分承擔了營救行動的費用。這表明聯邦對他們還是承擔責任的，視他們依然屬於這個社會。

這個反對意見很容易反駁。這頂多表明了聯邦的態度，而不是探險者們的態度。無須紐卡斯國的同意，探險者們本可以來場有效且徹底的革命；事實上，紐卡斯國若同意，革命就沒必要了。第二，很明顯，在洞穴探險者協會的資金用盡以後，聯邦的資金才會用於營救。這表明立法機關一心想的是，不要去動用公眾的錢，除非情非得以。第三，聯邦必定也會把大家的錢用去營救困在中央高原洞穴裏的外國公民，而不會為此要求這些倒楣的探險者加入紐卡斯國的國籍。

3. 　最後可能的反對意見是，紐卡斯國的法官在這種情形下沒法兒恰當地將我們的法律濃縮為一個句子，來回答探險者們通過無線電提出的問題。探險者問，通過擲骰子決定把他們當中的哪一位殺了吃掉合適不合適。基於我自己關於語詞開放性和自由裁量權的觀點和我們一些分歧之處，可以說，紐卡斯國的法律對探險者們的問題沒有簡單明易的答案。那麼，面對這一情勢的法官回答探險者們法律是如何規定時，肯定會誤導他們。因此，反對意見又會認為，我們不能責備紐卡斯國沒有作出回應，也許不做回應比最高法院九個大法官拿出充滿爭辯的判決文書更管用，更能穩定人心。

　　儘管這個反對意見表面看來很有力，但是它還是沒說到點子上，很容易被駁倒。第一，我們政府裏沒有任何官員回答探險者們的問題，哪怕是嘗試一下都沒有。如果一位官員向他們提供了意見而他們也採納了，但是後來本法院的成員發現這與實際法律規定不符；或者是一位官員提供了正確的處理意見，但他們沒有聽，這樣的話這個案件就完全不同了。但是，事實是沒人打算去回答。第二，這裏的關鍵不在於做出一個正確的回答容易不容易，而在於他們是不是有理由放棄紐卡斯國的法律，轉向他們在洞穴裏自己創制的法律。紐卡斯國在無線電裏的沉默即使有一點正當性，或者優越於替代選擇，也實際上構

186

成了這樣一個理由，使得那些人不得不以依靠自己的能力來應對它們所處的情境。

唐丁法官問，"如果他們不受我們法律的管轄……，那麼在甚麼情形下這種情況發生？是洞的進口被堵上了的時候，還是飢餓已經達到了某種十分嚴重的程度，抑或是當做出擲骰子的合意時？"這麼一問，就把福斯特法官最初的看法推到了一個荒謬的地步。也許福斯特回答這個問題有難度，因為事實上，他不斷地在謀殺是在自然狀態下發生的還是在一個新的政府憲章下發生的兩種觀點間搖擺不定（見 10 頁）。正如此處我們所概括的，這個理論提出了一個非常清晰和有說服力的觀點：當他們同意擲骰子的時候，他們不再受我們法律的管轄，因為這時就是他們採用他們制定的新的取代他法的社會契約的時候。唐丁法官又打趣地問（見 17-18 頁），"如果這些人超出了我們法律的約束……，那這種超越發生在甚麼時候呢？是當洞口被封住的時候還是飢餓的威脅達到某種難以確定的強度，抑或是擲骰子的協議達成之時？"同樣，答案正是唐丁所列的第三項。如果福斯特遵照他自己所說的"新政府憲章"所暗含的理論，而不是把那種變革同向自然狀態的回歸混淆起來，或者是唐丁已經牢記制定契約就足以建立一個主權獨立的國家這一每個合格的紐卡斯人從小學就學到的道理，唐丁也許不會再認為他的那些頗具修辭性的提問會成為反證法（reductio ad absurdum）。

當他們快要餓死，還不知道紐卡斯國法作何要求時，他們就決定了他們自己要做的事情。通過閱讀這個案件，關注點從探險者們的權利——比如，斯普林漢姆自我保存的權利，特朗派特的要求平等的權利——轉到了他們創制一部行為法典並忠實且一貫地遵守法典的義務。這是給偏於極端的觀點的必要解藥，也就是權利勝過包括義務在內的所有其他考慮。它表明，**權利義務相互交織，難解難分，可以由同一個同意確立，也可以通過同一個擲骰子的行為體現出來。**

這裏，我不必再談一些輔助性的問題了，比如他們的新法典是不是不偏不倚地源於將受其管轄的人的合意。如果我是在寫一篇完整的法律意見，而不是僅就說明與電池關聯度的部分作說明，我將深入探討威特莫爾是不是從新合約中撤回了自己的同意；如果是這樣，那麼探險者們就是殺了一個紐卡斯國的公民，他們行為因此要受我們的法律的管轄；從一個社會契約中撤回同意的觀點會不會引發出過分的老式個人主義，不能同社會契約的理念調和（好像是個人塑造了社會，而不是社會塑造了個人）；是不是探險者在洞裏接受紐卡斯國政府提供的幫助——指政府對營救提供部分補貼——足以說明他們對紐卡斯國法律的默認；促使他們制定一部新法的理由，是不是雷肯法官所言的那種可以同情地讓步性和技術性的做法，或者是屬於戈德法官所說的複雜情感混合物，抑或是屬於內涵更豐富的、我們的先人藉以制定契約建立聯邦的那一類。

電池在本案中不容忽視

嚴格來説，我的這一論點立基於探險者想法的改變。我們推斷，聯邦用默不作聲來回應探險者們通過無線電提出的問題時，探險者的想法一定發生了轉變。如果他們的想法沒變，他們最初想了解並遵守紐卡斯國法的願望得以堅持，那麼，我們幾乎沒有理由説他們曾拋開我們的法律轉而去制定一部新的社會契約。

現在我們知道，在國家拒絕回答探險者的問題以後，困在洞裏的人們沒有再發出無線電信號。在營救團隊裏的人認為在山洞裏無線電電池一定是沒電了，但是這被證實並非實情。如果電池果真是沒電了，無線電信號沒了並不能説明甚麼問題，我們很難作出甚麼推測，它可能意味着是探險者改變主意了，也可能意味着是設備壞了。在審判的時候，他們可能會咬定説是他們在洞裏改變了主意，創造了一個新的國家；但是我們也老是會懷疑他們為了密不外宣的利益編造了假話。但是因為我們知道電池仍然可以供電，那麼，我們也就知道探險者是故意且自願停用無線電設備。這個事實表明，在紐卡斯國的法律拒絕了他們以後，他們拒絕了紐卡斯國的法律，起草了他們自己行為規範的法典來對付困境。這支持了認為探險者搞了場和平革命的觀點。

法律源於合意和契約的歷史原理對研判這個案件最最重要。當然對此案的研判關鍵還在於探險者無線電中的電池。如果電池已經沒電了，我們的研判就只能繫於完全的推測。好了，我是很小心的，我不會説這種研判是對的，並繼而得出結論説被告是有罪的還是無辜的。畢竟我已經放棄了對這個案件的事實下結論的權利。我決定如下：電池保有電量的能力同這個案件的結果息息相關，由於我過去同那個有關測試和監控電量的設備的訴訟有牽連，我不得不全身而退。

很抱歉，我迴避。

尾聲

　　與五十年前一樣，由於最高法院正反觀點相當。初審法院維持有罪判決和量刑。按照命令，刑法將於 4350 年 4 月 3 日上午 6 點執行，屆時公共執行官將依法採取可能快速有效之方式將被告絞死。

商務印書館 📖 讀者回饋咭

　　請詳細填寫下列各項資料，傳真至 2565 1113，以便寄上本館門市優惠券，憑券前往商務印書館本港各大門市購書，可獲折扣優惠。

所購本館出版之書籍：＿＿＿＿＿＿＿＿＿＿＿＿＿＿＿＿＿＿＿＿＿＿＿＿

購書地點：＿＿＿＿＿＿＿＿＿＿＿＿＿　姓名：＿＿＿＿＿＿＿＿＿＿＿＿

通訊地址：＿＿＿＿＿＿＿＿＿＿＿＿＿＿＿＿＿＿＿＿＿＿＿＿＿＿＿＿＿

電話：＿＿＿＿＿＿＿＿＿＿＿＿＿＿　傳真：＿＿＿＿＿＿＿＿＿＿＿＿＿

電郵：＿＿＿＿＿＿＿＿＿＿＿＿＿＿＿＿＿＿＿＿＿＿＿＿＿＿＿＿＿＿＿

您是否想透過電郵或傳真收到商務新書資訊？　1□是　2□否

性別：1□男　2□女

出生年份：＿＿＿＿＿＿年

學歷：1□小學或以下　2□中學　3□預科　4□大專　5□研究院

每月家庭總收入：1□HK$6,000以下　2□HK$6,000-9,999
　　　　　　　　3□HK$10,000-14,999　4□HK$15,000-24,999
　　　　　　　　5□HK$25,000-34,999　6□HK$35,000或以上

子女人數(只適用於有子女人士)　1□1-2個　2□3-4個　3□5個以上

子女年齡(可多於一個選擇)　1□12歲以下　2□12-17歲　3□18歲以上

職業：1□僱主　2□經理級　3□專業人士　4□白領　5□藍領　6□教師　7□學生
　　　8□主婦　9□其他

最常前往的書店：＿＿＿＿＿＿＿＿＿＿＿＿＿＿＿＿＿＿＿＿＿＿＿＿＿＿

每月往書店次數：1□1次或以下　2□2-4次　3□5-7次　4□8次或以上

每月購書量：1□1本或以下　2□2-4本　3□5-7本　4□8本或以上

每月購書消費：1□HK$50以下　2□HK$50-199　3□HK$200-499　4□HK$500-999
　　　　　　　5□HK$1,000或以上

您從哪裏得知本書：1□書店　2□報章或雜誌廣告　3□電台　4□電視　5□書評/書介
　　　　　　　　　6□親友介紹　7□商務文化網站　8□其他(請註明：＿＿＿＿＿＿＿＿)

您對本書內容的意見：＿＿＿＿＿＿＿＿＿＿＿＿＿＿＿＿＿＿＿＿＿＿＿＿
＿＿＿＿＿＿＿＿＿＿＿＿＿＿＿＿＿＿＿＿＿＿＿＿＿＿＿＿＿＿＿＿＿＿

您有否進行過網上購書？　1□有 2□否

您有否瀏覽過商務出版網(網址：http://www.commercialpress.com.hk)？1□有　2□否

您希望本公司能加強出版的書籍：1□辭書　2□外語書籍　3□文學/語言　4□歷史文化
　　　5□自然科學　6□社會科學　7□醫學衛生　8□財經書籍　9□管理書籍
　　　10□兒童書籍　11□流行書　12□其他(請註明：＿＿＿＿＿＿＿＿＿＿)

根據個人資料「私隱」條例，讀者有權查閱及更改其個人資料。讀者如須查閱或更改其個人資料，請來函本館，信封上請註明「讀者回饋咭-更改個人資料」

香港筲箕灣
耀興道 3 號
東滙廣場 8 樓
商務印書館 (香港) 有限公司
顧客服務部收